ASCHENDORFFS SAMMLUNG
LATEINISCHER UND GRIECHISCHER
KLASSIKER

OVID

AUSWAHL
AMORES, ARS AMATORIA,
METAMORPHOSEN, FASTEN,
TRISTIEN, EPISTULAE EX PONTO

Ausgewählt, eingeleitet
und kommentiert von
ERNST ALFRED KIRFEL

Text

VERLAG ASCHENDORFF
MÜNSTER

Nach der neuen deutschen Rechtschreibung

Gesamtherstellung: Druckhaus Aschendorff, Münster, 1997

ISBN 3-402-02152-8

Inhalt

Vorwort

Seit vielen Jahrhunderten zählt P. Ovidius Naso zu den meist gelesenen lateinischen Dichtern. Kaum ein anderer lateinischer Dichter hat die Literatur, Kunst und Musik bis in unsere Zeit so sehr beeinflusst wie Ovid. Sein Platz unter den Schulautoren ist unbestritten. In der Vergangenheit fanden vor allem die Metamorphosen Eingang in die Schulausgaben. Seit einiger Zeit jedoch wendet sich das Interesse auch den anderen Werken Ovids zu; denn nur so kann man diesem vielseitigen Dichter gerecht werden. Deshalb enthält die vorliegende Ausgabe eine Auswahl aus allen großen Werken Ovids – mit Ausnahme der Heroides.

Diese Ausgabe ersetzt die beiden bisherigen Ausgaben „Ovid – Kurzauswahl" von G. Wolbers und „Ovid – Ausgewählte Gedichte" von O. Leggewie. Jede Auswahl ist naturgemäß subjektiv. Die aufgenommenen Texte lassen m. E. jedoch die Vielfalt der vom Dichter behandelten Themen wie z. B. Liebe, Mythos, römische Geschichte und Exil sowie seine Virtuosität im Umgang mit der lateinischen Sprache deutlich werden. Alle Texte sind mit den neueren wissenschaftlichen Ausgaben verglichen und entsprechen dem heutigen Stand der Forschung. Um den Rahmen des Bändchens nicht zu sprengen, wurde bewusst auf Sekundärtexte und Arbeitsaufträge verzichtet. Dies sei den Lehrenden überlassen. Die Einleitung und der Kommentar bieten die für das Verständnis und die Interpretation der Texte notwendigen Angaben.

Rheinbach, im Mai 1997 Ernst Alfred Kirfel

Ovid-Statue von Ettore Ferrari (1887) auf dem Platz des 20. September in Sulmona, dem Geburtsort Ovids.
Auf einem hohen Sockel steht der Dichter, in eine Toga gehüllt. Nachdenklich hat er die rechte Hand ans Kinn gehoben. Sie hält einen Schreibstift, während die linke Hand eine Schreibtafel umfasst, Werkzeuge des Dichters, mit denen er seine Gedanken und Einfälle in vollendeten Versen niederschrieb:
Et quod temptabam scribere versus erat (Trist. IV 10,26).

Einleitung

Ovids Leben und Werke

Die wichtigste Quelle für Ovids Leben ist seine poetische Autobiographie Tristien IV 10, in ihrer Ausführlichkeit die erste poetische Selbstdarstellung der europäischen Literatur. Publius Ovidius Naso wurde am 20. März 43 v. Chr., ein Jahr nach Cäsars Ermordung, im Todesjahr Ciceros, in Sulmo, einem etwa 140 km östlich von Rom in den Abruzzen gelegenen Städtchen, als Sohn einer wohlhabenden und angesehenen Ritterfamilie geboren.

Sein ehrgeiziger Vater lässt ihm und seinem um ein Jahr älteren Bruder die bestmögliche Ausbildung in Rom zukommen. Nach gründlicher Beschäftigung mit der griechischen und lateinischen Literatur beim Grammaticus studieren die beiden Brüder Rhetorik bei Arellius Fuscus und Porcius Latro. Eine solche Ausbildung war Voraussetzung für die Ämterlaufbahn, die der Vater für seine Söhne erhoffte.

In der rhetorischen Ausbildung verfasst Ovid Suasorien – Reden, in denen einer mythologischen oder historischen Person Ratschläge vor einer schwierigen Entscheidung erteilt werden – und Controversien – fingierte Gerichtsreden. Der ältere Seneca überliefert uns Exzerpte aus einer solchen fingierten Gerichtsrede (Sen. contr. 2, 2, 9–11). Schon hier wird Ovids Interesse an Psychologie und Charakterdarstellung deutlich. Nach dem Urteil Senecas sind Ovids Reden Gedichte in Prosa. Bei den Rhetoren wird Ovid vertraut mit all den rhetorischen Stilmitteln, die er in seinen Dichtungen so gerne verwendet. Seine Studien vervollständigt er auf einer Reise nach Griechenland und Kleinasien, wie es damals bei vornehmen jungen Römern üblich war.

Schon früh wird seine dichterische Begabung deutlich, worauf er selbst in einem berühmten Vers (Trist. IV 10, 26) hinweist:

et quod temptabam scribere, versus erat.

Nach dem frühen Tod seines Bruders verzichtet Ovid, nachdem er einige untergeordnete Ämter bekleidet hat, auf die senatorische Laufbahn und widmet sich ganz der Dichtkunst. Er schließt sich dem Kreis um M. Valerius Messalla Corvinus an. Zum Kreis um diesen Förderer der Dichtkunst gehören die Dichterin Sulpicia und der Elegiker Tibull; von den anderen großen Dichtern seiner Zeit kennt Ovid Vergil nur vom Sehen; er hört Horaz seine Oden lesen, und mit dem Liebesdichter Properz verbindet ihn Freundschaft.

Messalla nimmt an den Dichtungen des jungen Ovid regen Anteil, ermutigt ihn und gibt ihm vielleicht auch die erste Gelegenheit zum Vorlesen seiner Gedichte in der Öffentlichkeit. Als er zum ersten Mal liest, ist er etwa 18 Jahre alt. Er liest Liebesgedichte, **Amores,** die er nach und nach in fünf Büchern herausgibt. Später streicht er sie auf drei Bücher zusammen. Uns ist nur diese zweite Auflage erhalten.

Ovid wählt für seine Amores die Form der Elegie. Seit Properz und Tibull war die Elegie, die eigentlich jeden Inhalt aufnehmen kann, die typische Versform für die Liebesdichtung. Eine Elegie besteht aus Distichen, Zweizeilern aus jeweils einem Hexameter und einem Pentameter. Die 49 Gedichte der Amores sind nicht in einem Zug entstanden; sie erstrecken sich ab dem Jahr 25 über etwa zehn Jahre. Die Frage der Datierung der Einzelgedichte ist nicht zu beantworten. Der Dichter entwirft in diesen Gedichten ein umfassendes Bild der verschiedensten Situationen und Probleme der Liebe. In vielen Gedichten wird die Liebe zu Corinna besungen. Dies ist jedoch, wie Ovid Trist. IV 10, 60 selbst sagt, nicht ihr richtiger Name. Dass der Dichter sein Werk unter den Namen einer Geliebten stellt, ist in der Liebesdichtung üblich. Gallus besingt die Lycoris, Tibull die Delia und die Nemesis, Properz die Cynthia und Catull die Lesbia. Was an Corinna fiktiv ist und was einer konkreten Person entspricht, lässt sich nicht ausmachen. Auch darf man weder den Sprecher der Gedichte mit dem wirklichen Ovid gleichsetzen noch das in den Gedichten Beschriebene als seine tatsächlichen Erlebnisse ansehen.

Durch den Erfolg seiner Amores ermutigt, wendet sich der Dichter der tragischen Dichtung zu und verfasst die heute verlorene Tragödie **Medea,** die von dem Historiker Tacitus hoch gelobt wird. Ovid hat kein zweites Drama verfasst, sondern kehrt zur Liebeselegie zurück. Er veröffentlicht die **Heroides,** fingierte Briefe mythischer Frauen an ihre abwesenden Liebhaber (z. B. Penelope an Odysseus, Dido an Aeneas) und schafft damit nach seinen eigenen Angaben (ignotum hoc aliis ille novavit opus, Ars am. III 346) eine neue Literaturgattung. Zu den vierzehn Briefen mythischer Frauen kommt der Brief der Dichterin Sappho an Phaon hinzu, dessen Echtheit allerdings umstritten ist. In einer zweiten Auflage, die etwa 4 n. Chr. erscheint, fügt Ovid drei Briefpaare hinzu – Briefe der Frauen an ihre Liebhaber und deren Antwortbriefe.

Etwa um die Zeitenwende verfasst Ovid drei Werke, die der Gattung des Lehrgedichtes angehören. Das Lehrgedicht hat in der Antike eine lange Tradition. Um 700 v. Chr. hatte der griechische Dichter Hesiod seine „Werke und Tage“ verfasst, ein episches Gedicht über die Arbeit des Bauern im Jahreskreis. In hellenistischer Zeit gab es Lehrgedichte über Bienenzucht, Arzneimittel u. ä., Themen, die nicht eine bestimmte Welterfahrung und Weltordnung, sondern vielmehr die dichterische Virtuosität und Gelehrsamkeit ihrer Autoren zeigen sollten. Das astronomische Lehrgedicht des Arat übersetzte Cicero ins Lateinische. In Rom sind es die Dichter Lukrez und Vergil, die das Lehrgedicht wieder auf das Niveau des Hesiod zurückbringen. Lukrez will mit seinem Werk „Von der Natur der Dinge" durch seine materialistische Welterklärung den Menschen die Todesfurcht nehmen, Vergil zeichnet in seinem Werk „Vom Landbau" ein Bild einer sinnvollen menschlichen Existenz.

Ovid schreibt als erstes ein Lehrgedicht mit dem Titel **De medicamine faciei feminae,** über die Schönheitspflege des weiblichen Gesichts, von dem nur der Anfang erhalten geblieben ist.

An die römische Jugend wendet er sich in seinem drei Bücher umfassenden Werk **Ars amatoria.** Die beiden ersten Bücher richten sich an die jungen Männer, das dritte Buch an die Frauen. In Buch I erklärt der Dichter den Männern, wo und wie sie Mädchen gewinnen können, in Buch II, wie man sich die Zuneigung der Gewonnenen sichert. In Buch III belehrt er die Frauen, wo und wie sie Männer finden können und wie diese gehalten werden können. Der Tradition des Lehrgedichtes entsprechend behandelt der Dichter als „praeceptor" sein Thema mit einer gewissen Systematik, benutzt Imperative und sonstige Formen der Aufforderung, verwendet Bilder und Vergleiche und Beispiele aus dem Mythos. In allem ist das Bemühen um einen kultivierten Lebensstil erkennbar.

Auf die Liebeskunst folgt das Werk **Remedia amoris,** Heilmittel gegen die Liebe. Das Werk will zeigen, wie man die Leidenschaft überwindet, es will Unheil, vor allem Selbstmord verhindern helfen.

In den ersten Jahren nach Christi Geburt beschäftigt sich Ovid mit zwei großen Werken, den Metamorphosen und den Fasten. Bereits in den Werken der ersten Schaffensperiode, den Amores und der Ars amatoria, wird die Freude am Erzählen, das Interesse an mythologischen Stoffen und an seelischen Vorgängen deutlich. Sowohl in den Amores als auch in der Ars amatoria werden Sagenstoffe behandelt. So wie der Dichter vom Einzelgedicht in den Amores zu einer systematischen Darstellung der Liebe in der Ars amatoria übergeht, so wendet er sich in den **Metamorphosen** einer systematischen Darstellung des Verwandlungen betreffenden Sagenstoffes zu. In dem fünfzehn Bücher umfassenden Werk werden in rund 12 000 Hexametern über 250 Verwandlungssagen erzählt. Halbgötter und Menschen werden in Bäume, Quellen, Steine und Tiere verwandelt, oder sie werden unter die Gestirne versetzt. Die Verwandlung ist ein Schicksal, das die Götter verhängen, sei es zur Strafe, sei es aus Mitleid oder Gunst.

Ovid schreibt sein Werk im epischen Versmaß, dem Hexameter; es ist also nach der schematischen Einteilung der Literaturgattungen in der Antike ein Epos. So finden sich auch Anklänge an Homer, Apollonios Rhodios und Vergil. Ovid kann aber auch auf Sammlungen von Verwandlungssagen der griechischen Literatur zurückgreifen. Hier ist an erster Stelle Nikander von Kolophon (2. Jh. v. Chr.) zu nennen, von dessen fünf Büchern „Heteroioumena" (Verwandlungen) wir uns ein Bild machen können durch die Auszüge aus dem Werk, die Antoninus Liberalis (wahrscheinlich 2. Jh. n. Chr.) anfertigte. Neben der eigentlichen Sage versuchte Nikander die mit der Sage verbundenen Ursprünge von Festen und Götterverehrung u. ä. zu erklären. Dies nennt man Aitiologie. Solche Erklärungen finden sich auch bei Ovid, und zwar dann, wenn er die Entstehung eines Naturphänomens, etwa einer Tierart oder einer Pflanze, behandelt. Ovids vornehmliches Interesse aber – und damit geht er über Nikander hinaus – gilt den Kräften im Innern des Menschen, die die Verwandlung bedingen.

Neben Nikanders Werk ist zu nennen das verlorene Kataloggedicht „Metamorphoseis" des Parthenios, der im Jahr 73 v. Chr. nach Rom kam. Es gab aber auch Werke, in denen eine bestimmte thematische Auswahl getroffen war. Als Beispiel sei genannt die „Ornithogonia" (Entstehung der Vögel) einer Boio oder eines Boios (Zeit unbestimmt), die der um 16 v. Chr. verstorbene Jugendfreund Ovids Aemilius Macer ins Lateinische übersetzte. Ovid unterscheidet sich von seinen Vorgängern nicht nur durch den Umfang und die Vielzahl der erzählten Verwandlungssagen, sondern vor allem durch die Gesamtanlage des Werkes. Soweit wir aus den Fragmenten den Aufbau der Vorgängerwerke rekonstruieren können, war deren Aufbau systematisch, d. h. das Ordnungsprinzip war die Endstufe der Verwandelten. Ovid verwendet als Ordnungsprinzip den chronologischen Aufbau; er will, wie er selbst im Proömium zu den Metamorphosen sagt, ein „perpetuum carmen" von der Entstehung der Welt bis zu seiner Zeit schaffen. Er beginnt mit der Entwicklung des Chaos zur Schöpfung und beschließt das Werk mit der Vergöttlichung Cäsars durch Verwandlung in einen Stern. Ovid lässt drei große Abschnitte aufeinander folgen: die Zeit der Götter, die Zeit der Heroen und dann die historische Zeit, die in die römische Geschichte mündet. Diese Einteilung ist sehr grob, und die wissenschaftliche Diskussion um die Strukturanalyse der Metamorphosen ist noch nicht abgeschlossen.

In den Metamorphosen zeigt sich Ovid als Meister der Erzählkunst. Die einzelnen Episoden sind sorgfältig komponiert und unterschiedlich eng miteinander verknüpft. Die einzelnen Bücher bilden nicht immer in sich geschlossene Einheiten. Die Mittel der Rhetorik werden voll ausgeschöpft. Ovid erzählt mit viel Realismus, Witz und Ironie. Die große Welt der Helden wird oft spöttisch und daher ernüchternd, die kleine Welt der einfachen Menschen gewinnend und liebevoll dargestellt. Mit diesem Werk hat sich Ovid dauerhaften Ruhm geschaffen, wie er es im Epilog selbst sagt. Sein Werk wird alle Katastrophen überstehen, und er wird von allen gelesen werden (ore legar populi, Met. XV 878).

Als Ovid 8 n. Chr. Rom verlassen muss, waren die Metamorphosen im Konzept fertig gestellt. Ovids eigenen strengen Maßstäben an sein Werk genügt die Dichtung allerdings noch nicht. Wie er Trist. I 7, 22 sagt, seien die Metamorphosen ein „adhuc crescens et rude carmen" (ein noch wachsendes und rohes Gedicht); deshalb habe er das Werk selbst den Flammen übergeben. Es seien allerdings bereits Abschriften im Umlauf gewesen. Diesem Umstand verdanken wir, dass die Metamorphosen erhalten geblieben sind.

In der zweiten Schaffensperiode – wohl parallel zu den Metamorphosen – arbeitet Ovid nach der heute allgemein gültigen Auffassung an den ursprünglich auf zwölf Bücher angelegten **Fasten,** von denen sechs Bücher fertig gestellt sind, als Ovid 8 n. Chr. in die Verbannung geht. Das Werk war ursprünglich dem Augustus gewidmet, wird dann im Exil überarbeitet und dem Germanicus zugeeignet.

In den Fasten gibt Ovid einen Kommentar zum römischen Festkalender. Er erklärt Ursprung und Bedeutung der römischen Feste, die nach einer abschließenden Kalenderreform des von Cäsar überarbeiteten julischen Kalenders durch Augustus um eine große Zahl von Gedenktagen für den Kaiser und seine Familie bereichert worden waren. Auch für das Lehrgedicht der Fasten gibt es Vorbilder. Der griechische Dichter Kallimachos (3. Jh. v. Chr.) hatte in seinem Werk „Aitia" (Ursprungsgeschichten), das in Distichen verfasst war, die mythologischen Ursprünge von Festen, Bräuchen und Götternamen behandelt. In Rom hatte der Universalgelehrte M. Terentius Varro (1. Jh. v. Chr.) in seinem Werk „Aetia" und „Antiquitates" alte Überlieferungen aufgespürt, um die Ursprünge römischer Sitten und religiöser Bräuche zu erklären. Und der Dichter Properz wollte als römischer Kallimachos „Bräuche und Feste und älteste Namen der Orte" besingen (IV 1, 69). Was bei Properz nur auf einige Elegien des 4. Buches beschränkt bleibt, systematisiert Ovid und beschreibt in chronologischer Abfolge, dem Ordnungsprinzip der Monate folgend, die römischen Feste und ihre Ursprünge. Den Monaten Januar bis Juni ist jeweils ein Buch gewidmet.

Im Jahr 8 n. Chr. trifft Ovid ein Schicksalsschlag, der sein bisheriges ganz auf den kultivierten Lebensstil in Rom abgestelltes Leben schlagartig verändern sollte. Durch ein Edikt des Kaisers Augustus wird er nach Tomis (dem heutigen Constanza in Rumänien) an das Schwarze Meer verbannt. Rechtlich handelt es sich um eine relegatio, d. h. der Dichter darf sein Vermögen in Rom und das römische Bürgerrecht behalten. Seine Gattin – Ovid war zum dritten Mal verheiratet; er hatte eine Tochter, wohl aus der zweiten Ehe, und war bereits Großvater – bleibt in Rom zurück, um sich für die Rückkehr des Dichters beim Kaiser einsetzen zu können und um das Vermögen zu verwalten.

Zwei Gründe nennt Ovid selbst, die zu seiner Ausweisung aus Rom geführt haben: carmen et error (Trist. II 207). Mit carmen ist die Ars amatoria gemeint, die sicherlich mit den strengen Sittengesetzen, die Augustus erlassen hatte, nicht zu vereinbaren war. Aber die Ars amatoria war bereits acht Jahre im Umlauf, so dass sie nur ein Vorwand und nicht der Hauptgrund gewesen sein kann. Ovid selbst sagt, er habe etwas Verbotenes mitangesehen, dürfe aber weiter nicht darüber sprechen. Da im selben Jahr wie Ovid die jüngere Julia, die Enkelin des Augustus, wegen Ehebruchs verbannt wurde, hat man einen Zusammenhang zwischen Ovids Verbannung und der Julias hergestellt. Denkbar ist aber auch die Möglichkeit, dass Ovid wusste von dem Versuch, den ebenfalls verbannten Enkel des Augustus, Agrippa Postumus, nach Rom zurückzuholen und ihn gegen Tiberius zum Thronfolger zu machen. Der Nachfolger des Augustus, Tiberius, jedenfalls hat die

Ausweisung des Dichters nicht rückgängig gemacht, vielleicht aus persönlicher Kränkung.

Im Spätherbst des Jahres 8 tritt der Dichter die Reise an den Rand des römischen Reiches an. Noch auf der Reise entsteht das erste Buch der **Tristien,** der Klagelieder. Eines der ergreifendsten Gedichte dieses Buches ist die Elegie I 3, in der Ovid seinen Abschied von Rom schildert. Dem ersten Buch folgen noch vier weitere, von denen das zweite Buch eine Großelegie ist, die sich an Augustus richtet und in der Ovid sich gegen die ihm gemachten Vorwürfe rechtfertigt. Bei den Tristien handelt es sich um poetische Briefe, die aber nicht nur für den jeweiligen, aus Vorsichtsgründen, er könne beim Kaiser in Ungnade fallen, ungenannten Adressaten, sondern für die Öffentlichkeit bestimmt sind und vom Dichter sorgfältig nach bestimmten Ordnungsprinzipien in Büchern zusammengestellt wurden.

Den fünf Büchern Tristien folgen die vier Bücher **Epistulae ex Ponto.** Offensichtlich fürchtet Ovid den Zorn des Kaisers nicht mehr so sehr, so dass in den Briefen vom Pontus die Adressaten genannt werden; aber auch diese Versbriefe sind für die Öffentlichkeit bestimmt.

In den Briefen aus dem Exil beschäftigt sich Ovid immer wieder mit denselben Themen: seiner Sehnsucht nach Rom, Klagen über die Unwirtlichkeit seines Verbannungsortes im Land der Geten und Sarmaten, Kummer über den Verlust seiner Angehörigen und Freunde, Bitten an diese, sich für seine Rückberufung beim Kaiser einzusetzen, Hoffnung auf Rückkehr, Rechtfertigung. Hat man noch bis in die erste Hälfte unseres Jahrhunderts Ovids Exildichtungen geringer geschätzt als seine anderen Werke und ihm aus der ständigen Behandlung derselben Themen den Vorwurf der Monotonie gemacht, so ist man in jüngster Zeit zu einer positiven Bewertung der Exildichtung gelangt. Man hat die beiden Briefsammlungen sorgfältiger

Strukturanalysen unterzogen und festgestellt, wie kunstvoll nicht nur die einzelnen Briefe, sondern auch die Bücher komponiert sind und mit welcher Variationsbreite Ovid fähig ist, immer wieder dieselben Themen anzusprechen. Man hat aber auch nach den leidvollen Erfahrungen der Emigranten, Kriegsgefangenen und Heimatlosen unseres Jahrhunderts Ovids Exilliteratur mit der modernen verglichen, sieht Ovid als Archegeten der Verbannten und Heimatlosen und das Kreisen um die genannten Themen als ein exilpsychologisches Phänomen.

Im Lauf der Zeit scheint Ovid gegenüber seinem Verbannungsort eine freundlichere Einstellung gewonnen zu haben. Er lernt Getisch und dichtet auch in dieser Sprache. In Lateinisch verfasst er im Exil noch das Schmähgedicht „Ibis“ (Schmutzvogel) auf einen uns unbekannten Feind in Rom und das nur fragmentarisch erhaltene Lehrgedicht „Halieutica“, eine Beschreibung der Fische des Schwarzen Meeres.

Im Winter 17/18 n. Chr. stirbt Ovid in Tomis, ohne sein geliebtes Rom wiedergesehen zu haben.

Das Fortwirken Ovids

Kaum ein anderer antiker Dichter hat auf die Literatur, die Kunst und Musik bis hin zu unserer Zeit so großen Einfluss ausgeübt wie Ovid.

Die Dichtungen Ovids, der von sich selbst sagt „in toto plurimus orbe legor“ (Trist IV 10, 128), werden bald weithin bekannt, wie es auch von ihm entlehnte Verse auf den Häuserwänden Pompejis beweisen. Velleius Paterculus, der Historiker in der Zeit des Kaisers Tiberius (14–31 n. Chr.), rühmt in seiner Historia Romana (II 36, 3) das Werk Ovids als „perfectissimum in forma“. L. Annaeus

Seneca Maior (ca. 55 v. Chr. – 42 n. Chr.) spricht an verschiedenen Stellen der Controversiae von dem großen Einfluss Ovids auf die Rhetorik der Zeit, der Philosoph L. Annaeus Seneca Minor (4 v. Chr. – 65 n. Chr.) nennt Ovid zwar „ingeniosissimum poetarum" (Nat. quaest. III 27, 13), tadelt aber zugleich an ihm die „licentia" (stilistische Ausgelassenheit). In die gleiche Richtung geht die Kritik des Rhetoriklehrers M. Fabius Quintilianus (gest. 96 n. Chr.). Er sagt, Ovid pflege in den Metamorphosen ausgelassen zu sein (lascivire), er sei in den Elegien ausgelassener (lascivior) als Tibull und Properz, seine Tragödie Medea hätte eine glanzvolle Leistung sein können, wenn er seine Begabung beherrscht hätte, statt ihr nachzugeben (si ingenio suo imperare quam indulgere maluisset, Inst. orat. IV 1, 77; X 1, 93 und 98). P. Cornelius Tacitus (1. Jh. n. Chr.) nennt in seinem „Dialogus de oratoribus" (12, 6) die Medea Ovids ein vorzügliches Werk neben dem Thyestes des Varius und den Werken eines Asinius Pollio und eines Messalla überlegen. Im 4./5. Jh. ahmten der durch die „Mosella" bekannte D. Magnus Ausonius, der Alexandriner Claudius Claudianus und der als „christlicher Horaz" bezeichnete Aurelius Prudentius Clemens den Ovid nach; häufig finden sich Zitate aus den Metamorphosen und den Fasten in den Werken des L. Caecilius Firmianus Lactantius (4. Jh.), des „christlichen Cicero".

Im Mittelalter ist Ovid bei allen Völkern ein gern gelesener Schriftsteller. Zwar wird er in vorkarolingischer Zeit noch nicht unter den üblichen Schulautoren aufgeführt, doch werden seine Werke neben denen des Vergil, Horaz, Terenz, Plautus, Cicero, Seneca und Livius gelesen; sein Einfluss auf Sprache und Metrik, poetischen und rhetorischen Ausdruck der Dichter der karolingischen Zeit (Paulus Diaconus, Alkuin, Angilbert und Theodulf) ist nicht zu verkennen. Vornehme Frauen und Nonnen des 10.–12. Jh. zitieren Ovid. So wird die bekannte Dichterin und Nonne aus dem Benediktinerorden, Hroswitha von Gandersheim (930–1002), von der Äbtissin Gerberge, einer Tochter des Herzogs Heinrich von Bayern, in die Lektüre der klassischen Schriftsteller, u. a. auch Ovids, eingeführt.

Gegen Ende des 11. Jh. beginnt eine „aetas Ovidiana". In Frankreich taucht Ovid im 11. Jh., in England im 12. Jh. auf. Die Werke Vergils und Ovids werden in Cluny und in den verwandten Stiften studiert und abgeschrieben. Ovid ist seit dem 11. Jh. einer der wichtigsten Schulautoren. Sein Name fehlt in keinem der zahlreichen Lehrpläne der Schulen des Mittelalters, allerdings werden nur ausgewählte Abschnitte aus seinen Werken zu Schulzwecken zusammengestellt. Einleitungen und Kommentare werden verfasst; Ovid ist der Lehrer der Mythologie, aber seine Dichtungen werden auch dem Erlernen der Grammatik, Rhetorik und des Versbaus dienstbar gemacht. Vielfach werden seine Heldengestalten allegorisiert und christlich gedeutet; man prägt sie in Predigten zu nachahmenswerten Beispielen um.

Für den Hof und das Volk ist der Verfasser der Ars amatoria in erster Linie der Lehrer der Liebe. Das Liebeslied in provenzalischer Sprache, nachhaltig beeinflusst von Ovid, macht den Anfang; die Troubadours betrachten seine Werke gleichsam als Vorlage und plündern Stoffsammlungen aus. In vielen Florilegien und auch im Speculum mundi von Vinzenz von Beauvais (gest. 1264) ist Ovid der am meisten zitierte Autor. Den provenzalischen Troubadours machen es die nordfranzösichen und deutschen Troubadours nach.

Viele Spuren, auch aus den Metamorphosen, finden sich im Roman de la rose (13. Jh.), der als einziges Werk der altfranzösischen Literatur über die Stürme der Reformation und Renaissance – das Interesse gilt dem mythologischen Gehalt – hinaus sich seinen Leserkreis erhalten hat.

Um die Wende des 12. und 13. Jh. entstehen zahlreiche lateinische Gedichte, bei denen Ovid ausgebeutet wird; dies zeigen besonders deutlich einige der sog. Carmina Burana, die wir als Lieder fahrender Studenten bezeichnen können.

Einem großen Leserkreis wird Ovid zugeführt von dem Augenblick an, da Übersetzungen entstehen wie die „Liebeskunst" des Chrestien von Troyes (um 1160), die „Art d' Amors" und „Li Remedes d' Amors" des Jaques von Amiens.

Die Metamorphosen übersetzt zuerst 1220 Albrecht von Halberstadt ins Deutsche, ein Geistlicher des Klosters Jechaburg bei Sondershausen, jedoch wird diese Arbeit erst 1545 von dem Kolmarer Ratsherrn Jörg Wickram in einer Umarbeitung herausgegeben. In Frankreich erscheint im frühen 14. Jh. eine Übersetzung der Metamorphosen, bekannt unter dem Namen „Ovide moralisé". Dante (1265–1321) nennt Ovids Metamorphosen neben den Epen Vergils und Lukans (De vulgari eloquentia II 6,7). In der „Göttlichen Komödie" erscheint Ovid neben anderen großen antiken Dichtern als einer der Großen des Geistes (Inferno 4, 78 ff.).

Im 14.–16. Jh. wird Ovid in allen Kulturländern Europas meistens metrisch übersetzt. Der Buchdruck sorgt für eine weite Verbreitung des Dichters.

W. Shakespeare (1564–1616) hat noch im reifen Alter Ovid gelesen: die Kritik nennt ihn oft den „zweiten Ovid".

P. Corneille (1606–1684), Chr. de Montesquieu (1689–1755) und Voltaire (1694–1778), J. Racine (1639–1699) und Molière (1622–1673) zeigen Begeisterung für die Fähigkeit Ovids, elegant und farbenreich zu erzählen und treffend zu charakterisieren, oder sie beklagen sein hartes Geschick unter einem unerbittlichen Herrscher.

Ovid begleitet Goethe nach Italien, Schiller kennt ihn, ebenso wird er in den Werken von Grillparzer, Geibel, Raabe u. a. erwähnt; oft finden sich gedankliche Übereinstimmungen bei diesen Autoren mit Ovid, ohne dass deshalb immer an bewusste Entlehnungen zu denken wäre. So sagt Goethe in den „Vier Jahreszeiten“: „Selbst erfinden ist schön; doch glücklich von andern Gefundenes fröhlich erkannt und geschätzt, nennst du das weniger dein?“

Bis in unsere Zeit beschäftigen sich Romanschriftsteller mit Ovid. Hier seien erwähnt Eckart von Naso, Liebe war sein Schicksal. Roman um Ovid, Hamburg 1958, Vintila Horia, Dieu est né en exil. Journal d' Ovide à Tomes, Paris 1960 (in dt. Übersetzung: Gott ist im Exil geboren, übers. von Erich Bertleff, Wien 1961) und Christoph Ransmayr, Die letzte Welt, Nördlingen 1988.

Sehr stark ist der Einfluss Ovids auf die bildende Kunst bis in die heutige Zeit. 1445 schmückt Filarete die Bronzetüren von St. Peter in Rom mit Szenen aus den Metamorphosen Ovids, ein Beispiel für die Durchdringung heidnischer und christlicher Bildwelten. Künstler wie Michelangelo (1475–1564), Tizian (1477–1576), Correggio (1494–1534), Raffael (1483–1520), Rubens (1577–1640), Rembrandt (1606–1669) haben nach den Erzählungen Ovids berühmte Gemälde geschaffen. Sehr bekannt ist Pieter Bruegels „Landschaft mit Ikarussturz“, das um die Mitte des 16. Jh. entstand.

Im Barock werden Statuen, Gemälde, Gobelins und Fresken nach Motiven der Metamorphosen geschaffen. Die Schlösser in ganz Europa werden mit Szenen und Motiven der Metamorphosen ausgemalt, die Parks und Gärten mit Figuren aus den Metamorphosen belebt. In der Zeit des Rokoko schöpfen unter anderen die französischen Maler Watteau (1684–1721) und Boucher (1703–1770) aus den Werken Ovids. Im 19. Jh. beschäftigt sich Eugène Delacroix (gest. 1863) mit Ovid. Er malt „Ovid in der

Verbannung am Schwarzen Meer" und „Ovid bei den Skythen".

Von modernen Künstlern seien nur einige erwähnt: Maillol und Picasso illustrieren die Liebeskunst, Picasso auch die Metamorphosen, und Dali malt und dichtet einen Narcissus.

Mit Hilfe von Ovids Metamorphosen wendet sich im 16. Jh. die Musik von den bis dahin weitgehend religiösen Themen weltlicher Thematik zu. Im Jahr 1598 führen Caccini und Peri in Florenz die Oper „Daphne" auf. Rinuccini hatte den Text dazu gedichtet. Diese neue Kunstgattung findet großen Beifall und wird bald in Deutschland bekannt. Der Komponist Heinrich Schütz, mit seinem Gelehrtennamen Sagittarius, lernt sie auf einer Studienreise in Italien kennen und veranlasst den deutschen Dichter Martin Opitz, das Werk Rinuccinis zu übersetzen; Schütz komponiert die Oper und führt sie am 13. April 1627 in Torgau vor dem sächsischen Hof auf. 1630 wird die Oper „Proserpina rapita" von Monteverdi (1562–1643) aufgeführt. Der französische Komponist Lully (1632–1687) komponiert die Opern „Proserpine" und „Phaeton". Gluck (1714–1787) schafft die Oper „Bauci e Filemone"; denselben Stoff benutzt Gounod (1818–1893) für seine große Oper „Philemon und Baucis", während Saint-Saens (1835–1921) wieder eine „Proserpine" komponiert. Schon vorher hatte Dittersdorf (1739–1799) zwölf Programm-Sinfonien nach Motiven von Ovids Metamorphosen komponiert.

Ein beliebter Stoff ist die Sage von Orpheus und Eurydike. Wir finden sie als Oper von Monteverdi: Orfeo (1609), Luigi Rossi: Le marriage d'Orphée et d'Euridice (1647), Gluck: Orfeo ed Euridice (1762) und Offenbach (1819–1880): Orpheus in der Unterwelt. Als sinfonische Dichtung erscheint 1794 Orfeo and Euridice von Haydn (1732–1809) und der Orpheus von Liszt (1811–1866).

Zu Sprache und Stil

Die Sprache der lateinischen Dichtung weist gegenüber der Prosa einige Besonderheiten auf, die teils metrisch bedingt sind, teils die Sprache der Dichtung als gehobene Sprache von der Prosa absetzen. Die wichtigsten bei Ovid vorkommenden Besonderheiten sind im Folgenden genannt:

1. Häufiger Ausfall des Perfektkennzeichens -ve, -vi, z. B. muta(vi)stis (Met. I 2); no(ve)rant (Met. I 96).

2. Häufiger Ausfall des h + Vokal, z. B. pre(he)ndere (Met. X 58), ni(hi)l (Met. X 59).

3. Ausgang der 3. Pers. Plur. Perf. Akt. auf -ere statt auf -erunt, z. B. subiere (Met. I 121), gemuere (Met. I 124).

4. In der 2. Pers. Sing. Pass. wird häufig die Endung -re statt -ris verwendet, z. B. servabere statt servaberis.

5. fore = esse; foret = esset.

6. Simplex statt Compositum, z. B. legere für colligere (Met. I 104), tendere für contendere (Met. X 3).

7. -i beim Abl. Sing. des Part. Präs. Akt., z. B. nocte silenti (Met. IV 84).

8. Unterlassung der Assimilation, z. B. inminet statt imminet (Met. I 52), inmunis statt immunis (Met. I 101).

9. Verwendung griechischer Kasusendungen bei griechischstämmigen Wörtern und griechischen Eigennamen: -os im Nom Sing., z. B. Minos (Met. VIII 187); -es im Gen. Sing., z. B. Eurydices (Met. X 31); -a im Akk. Sing., z. B. aera (Met. IV 124), aethera (Met. X 2), Styga (Met. X 13); -en im Akk. Sing., z. B. Eurydicen (Met. X 48).

10. Nom. und Akk. Plur. der i-Deklination haben häufig -is statt -es, z. B. omnis statt omnes.

11. Fehlen der Präposition bei Ortsangaben, z. B. lato arvo (Met. IV 87).

12. Akkusativ der Beziehung (accusativus limitationis oder accusativus Graecus), z. B. adoperta vultum (Met. IV 94).

13. Verwendung dichterischer Wörter statt umgangssprachlicher, z. B. letum für mors (Met. IV 151), ensis für gladius (Met. IV 147), natus für filius (Met. VIII 211), tellus für terra (Met. I 109).

Ovid gestaltet seine Dichtung auch dadurch wirkungsvoll, dass er rhetorische Stilmittel verwendet, die das Interesse des Hörers oder Lesers (in der Antike las man laut) wach halten, ihn beeindrucken oder seine Aufmerksamkeit auf bestimmte Schwerpunkte lenken sollen.

Bei den rhetorischen Stilmitteln unterscheidet man zwischen Tropen und Figuren. Der Tropus hat es mit dem Einzelwort zu tun. Es wird vertauscht mit einem anderen Wort oder Ausdruck, der einem verwandten Vorstellungsbereich entstammt. Figuren haben immer mit Wortgruppen oder Kombinationen zu tun. Eine Figur ist die kunstvolle Veränderung gegenüber der schmucklosen Sprache. Bei den Figuren unterscheidet man zwischen Wortfiguren (= Verschönerungen der sprachlichen Ausdrucksweise) und Sinnfiguren, die Sinnbezüge zwischen Satzteilen und Sätzen herstellen (z. B. Antithese, rhetorische Frage u. ä.).

Die wichtigsten Tropen und Figuren sind folgende:

I. Tropen

1. **Antonomasie** (Namensersetzung): Ersetzung des Eigennamens durch ein Wort, das Attribut oder Apposition sein könnte, z. B. Latonigenae: die von Latona Geborenen (d. h. Apoll und Daphne, Met. VI 160).

2. **Ironie** (Verstellung): Etwas wird mit einem Wort bezeichnet, das das Gegenteil meint, z. B. Latonae turba für die nur zwei Kinder der Latona (Met. VI 200).

3. **Litotes** (Einfachheit): starke Bejahung durch doppelte Verneinung, z. B. nec negabo (Met. X 25).

4. **Metapher** (Übertragung): Verwendung eines bildlichen Ausdrucks für den eigentlichen (meist eines konkreten für den allgemeinen), z. B. viscera terrae, die Eingeweide der Erde (Met. I 138).

5. **Metonymie** (Umbenennung): ein Begriff wird durch einen anderen, der mit dem eigentlichen Ausdruck in gedanklicher Verbindung steht, ersetzt, z. B. Cereris cura: die Sorge um Brot, um Nahrung (Met. III 437); ferrum, Eisen, für Schwert (Met. VI 119).

6. **Periphrase:** Umschreibung eines Begriffs durch mehrere Wörter, z. B. Cereris munus, Geschenk der Ceres für Nahrung (Met. X 74).

7. **Synekdoche** (Mitverstehen, Mitaufnahme): ein engerer Begriff steht für einen weiteren, z. B. carina, Schiffskiel, für Schiff (Met. I 134) (pars pro toto).

II. Figuren

A. Wortfiguren

1. **Alliteration** (Stabreim): die Wiederholung desselben Anlautes in aufeinander folgenden Wörtern, z. B. **c**ontentique **c**ibis nullo **c**ogente **c**reatis (Met. I 103).

2. **Anapher** (Wiederaufnahme): Beginn aufeinander folgender Sätze oder Wortgruppen mit demselben Wort, z. B. **non** tuba directi, **non** aeris cornua flexi, **/non** galeae, **non** ensis erat (Met. I 98/99).

3. **Asyndeton** (Unverbundenheit): Fehlen einer verbindenden Konjunktion zwischen Wörtern oder Sätzen, z. B. cur colitur Latona per aras,/ numen adhuc sine ture meum est? (Met. VI 171/72).

4. **Chiasmus:** Überkreuzstellung einander entsprechender Gedanken oder Satzglieder (benannt nach dem griechischen Buchstaben chi (χ), z. B.

Omnia possideat,

non possidet aera Minos (Met. VIII 187).

5. **Ellipse** (Auslassung): Fehlen eines leicht ergänzbaren Wortes, bes. est, erat oder fuit.

6. **Enallage** (Vertauschung): Zuordnung eines Adjektivs nicht zu dem eigentlich gemeinten, sondern einem vom Sinn her nahe stehenden Begriff, z. B. non tuba directi, non aeris cornua flexi (Met. X 53); nicht das Erz ist gerade oder gebogen, sondern die Tuba und die Hörner.

7. **Epanalepse** (Wiederaufnahme; lat.: geminatio): pathetische Wiederholung eines Wortes oder einer Wortgruppe, z. B. quamvis sint sub aqua, sub aqua maledicere temptant (Met. VI 376); eine Sonderform ist die **Anadiplose,** die Wiederholung des letzten Wortes oder Satzabschnittes zu Beginn des folgenden, z. B. ingemuere simul, simul incurvata dolore/ membra solo posuere (Met. VI 245/46).

8. **Epiphora** (Zugabe): Wiederholung eines Wortes am Ende aufeinander folgender Wortgruppen, z. B. moenia cum populis a me**que** viro**que** reguntur (Met. VI 179).

9. **Epitheton** (Zusatz): Hinzufügen eines vom Inhalt her nicht erforderlichen schmückenden Attributs (sog. Epitheton ornans) zu einem nominalen Satzteil, z. B. curvae ... carinae (Met. I 298).

10. **Hendiadyoin** (eins durch zwei): doppelgliedriger Ausdruck, Umschreibung eines Begriffes durch ein Wortpaar, um ihn zu betonen, z. B. vigor et vires; Lebenskraft (Met. III 492).

11. **Homoioteleuton** (gleich endend): mehrere Wörter hintereinander haben die gleiche Endung, z. B. exsulta

(Imp.) victrixque inimica (Nom.) triumpha (Imp.) (Met. VI 283).

12. **Homoioptoton** (gleich fallend): mehrere Wörter hintereinander haben die gleiche Endung und den gleichen Kasus, z. B. ... poenae mora longa querella est (Met. VI 215).

13. **Hyperbaton** (Überspringen, Sperrung): Trennung zweier syntaktisch zusammengehöriger Wörter, vor allem des Attributs von seinem Beziehungswort, durch Zwischenstellen anderer, z. B. in nov**a** fert animus mutat**as** dicere form**as**/ corpor**a** (Met. I 1/2).

14. **Isokolon** (Gleichgliedrigkeit): der gleichmäßige Bau entsprechender Satzglieder, z. B. multi illum iuvenes, multae cupiere puellae/ ... / nulli illum iuvenes, nullae tetigere puellae (Met. III 353/55).

15. **Iteratio:** Wiederholung des gleichen Wortes in kurzem Abstand, z. B. omnia possideat, non possidet ... (Met. VIII 187).

16. **Klimax** (Leiter): Anordnung von Wörtern oder Sätzen mit Steigerung des Aussageinhaltes vom weniger Bedeutenden zum Wichtigeren, z. B. ... mihi Tantalus auctor,/ ... / Pleiadum soror est genetrix mea; maximus Atlas/ est avus ... /Iuppiter alter avus ... (Met. VI 172/75).

17. **Lautmalerei:** durch Häufung bestimmter Laute wird ein inhaltlicher Aspekt unterstrichen, z. B. **qua**mvis sint sub a**qua,** sub a**qua** maledicere temptant (vom Quaken der Frösche, Met. VI 376).

18. **Parallelismus:** zwei (oder mehr) Teilsätze oder Sätze werden nach dem gleichen Schema gebaut, z. B.

a b a b
iussit et extendi campos, subsidere valles,
a b a b
fronde tegi silvas, lapidosos urgere montes (Met. I 43/44).

Untereinander geschrieben zeigen die Wortgruppen das Bild von Parallelen.

a b
| |
a b
| |
a b

19. **Pleonasmus** (Überfluss): zu einem Begriff wird eine Bezeichnung hinzugefügt, die eigentlich schon im Begriff enthalten ist, z. B. prima ... ab origine (vom ersten Ursprung an) (Met. I 3).

20. **Polyptoton** (vielerlei Kasusendungen): Wiederholung desselben Wortes in verschiedenen Flexionsformen, z. B. heu, quantum haec Niobe (Nom.) Niobe (Abl.) distabat ab illa (Met. VI 273).

21. **Polysyndeton** (Vielfachverbindung): Verbindung mehrerer Satzglieder in schneller Folge durch dieselbe Konjunktion, z. B. fraudes**que** doli**que**/ insidiae**que** **et** vis **et** amor sceleratus habendi (Met. I 130/31).

22. **Prolepsis** (Vorwegnahme): das Ergebnis einer Handlung oder eines Vorgangs wird meist durch ein Attribut schon vor dem Ausgang als eingetreten bezeichnet, z. B. crepitantia concutit arma, er schwingt die dröhnenden Waffen (obwohl das Dröhnen erst die Folge des Schwingens ist) (Met. I 143).

23. **Zeugma** (Verbindung): Beziehung eines Verbs auf zwei Substantive, obwohl es nach seiner Bedeutung nur zu einem passt, z. B. tura dant sanctis et verba precantia flammis (Met. VI 164).

B. Sinnfiguren

1. **Antithese** (Gegenüberstellung): Sätze oder einzelne Satzglieder folgen in schroffem Gegensatz aufeinander, oft

ohne äußere Verknüpfung (asyndetische Antithese), z. B. omnia possideat, non possidet aera Minos (Met. VIII 187); wie in diesem Vers ist die Antithese oft ausgestaltet zu einem Chiasmus oder auch einem Parallelismus.

2. **Apostrophe** (Abwendung): Der Autor wendet sich von seinem Publikum ab und spricht eine nicht anwesende Person oder Sache an, z. B. credule, quid frustra . . . captas (Met. III 432); angeredet ist Narcissus.

3. **Ausruf:** In eine Erzählung wird ein wirkungsvoller Ausruf eingefügt, z. B. inrita fallaci quotiens dedit oscula fonti! (Met. III 427).

4. **Ekphrasis** (Beschreibung): Einschub einer längeren anschaulichen Schilderung in die Rede oder Darstellung, z. B. Met. III 195–197.

5. **Epimone** (Verweilen): Wiederholung eines Gedankens in anderer Formulierung, z. B. Met. VIII 203/07.

6. **Oxymoron** (geistreiche Pointe): die geistreiche Zusammenstellung von einander sich widersprechenden Begriffen, z. B. inopem me copia fecit (Met. III 466).

7. **Paradoxon** (entgegen der Erwartung): Ein Sachverhalt wird durch eine unerwartete oder überraschende Wendung verdeutlicht, z. B. . . . nec nos mare separat ingens/ nec via nec montes nec clausis moenia portis:/ exigua prohibemur aqua! (Met. III 448/50).

8. **Parenthese** (Einschub): Zwischenschaltung eines selbständigen Satzes bzw. Ausdrucks, z. B. di coeptis – nam vos mutastis et illas/ – adspirate meis (Met. I 2/3).

9. **Personifikation:** Behandlung einer Sache als Person, z. B. invide paries, quid amantibus obstas (Met. IV 73).

11. **Rhetorische Frage:** Der Autor formuliert eine Aussage als Frage, auf die keine Antwort erwartet wird, weil sie jedem klar ist, z. B. quid non sentit amor? (Met. III 468).

12. **Vergleich:** Veranschaulichung eines Vorgangs durch einen anderen, der einem ganz anderen Bereich angehört, z. B. (Daedalus) ante volat comitique timet, velut ales, ... /quae ... prolem produxit (Met. VIII 213/14).

Zu Prosodie und Metrik

1. Während der deutsche Versbau auf dem regelmäßigen Wechsel von betonten und unbetonten Silben beruht, ist für den lateinischen Vers die geregelte Abfolge langer und kurzer Silben bestimmend (quantitierender Rhythmus). Die Römer haben wahrscheinlich die betonten Silben im Vers in einer höheren Tonlage gesprochen (sog. musikalischer Akzent). Dies können wir kaum nachahmen; wir sprechen deshalb - wie im Deutschen - die betonten lateinischen Silben lauter aus, d. h. wir lassen bei der Betonung einer Silbe mehr Luft ausströmen (sog. exspiratorischer Akzent, von exspirare = ausatmen). Um lateinische Verse analysieren und lesen zu können, muss man die Grundregeln der **Prosodie** (Lehre von der richtigen Aussprache und Silbenquantität) kennen.

2. Die lateinischen Wörter werden nach dem sog. Paenultimagesetz (d. h. dem Gesetz von der vorletzten Silbe) betont. Ist die vorletzte Silbe eines Wortes lang (-), so wird sie betont. Ist sie kurz (∪), so wird, falls vorhanden, die drittletzte Silbe betont.

2.1. Eine Silbe ist lang,

a) wenn ihr Vokal von Natur lang ist: ā, ē, ī, ō, ū; alle Diphtonge (ae, ai, au, eu, oe, oi) sind ebenfalls lang (Naturlänge), z. B. a̅u̅dīrĕ.

b) wenn auf einen kurzen Vokal zwei oder mehr Konsonanten (auch x, entstanden aus gs oder cs, und z, entstanden aus ds; nicht aber qu) folgen (Positionslänge), z. B. rēx, īntēllĕgō.

2.2. Ausnahme: Folgen auf einen kurzen Vokal eine Muta (stummer Verschlusslaut b, p, d, t, g, c) und eine Liquida (fließender, beliebig lang anhaltender Konsonant l, m, n, r), so ist die Silbe in der Regel kurz, z. B. tĕnĕbrae.

2.3. Ein Vokal ist in der Regel kurz, wenn ihm ein weiterer Vokal folgt, z. B. ignĕus. Ausnahme: Wörter griechischer Herkunft, z. B. das Adjektiv Pelopēius (Met. VIII 622).

3. In der Dichtung ergeben sich für die Aussprache einige Veränderungen gegenüber der Prosa:

3.1. Da ein Vers gleichsam als ein langes Wort angesehen wird, gelten die Gesetze von Längen und Kürzen über die Wortgrenze hinaus. Positionslänge entsteht also auch dann, wenn auf einen kurzen Vokal ein Konsonant am Ende des Wortes und ein Konsonant am Anfang des nächsten Wortes folgen oder wenn auf einen kurzen auslautenden Vokal eines Wortes zwei Konsonanten zu Beginn des nächsten Wortes folgen.

3.2. Der Hiat, d. h. das Zusammentreffen eines Vokals am Wortende mit einem Vokal am Anfang des nächsten Wortes, wird im Vers vermieden durch Synaloephe, d. h. Verschleifung der beiden Vokale. Hierbei sind folgende Regeln zu beachten:

3.2.1. Der auslautende Vokal am Wortende wird unterdrückt; dies ist die sog. Elision (Ausstoßung), z. B. primaqu(e) ab origine mundi (Met. I 3).

3.2.2. Dies gilt auch, wenn das zweite Wort mit h beginnt; denn h galt nicht als Buchstabe, z. B. perqu(e) (h)iemes aestusque. . . (Met. I 117).

3.2.3. Auslautendes -am, -em, -im, -om, -um unterliegt der Elision, z. B. heu, quant(um) (h)aec Niobe Niobe distabat ab illa (Met. VI 273).

3.2.4. Wenn das zweite Wort est ist, wird dessen e nicht gesprochen (Aphairesis = Wegnahme), z. B. aurea prima sata (e)st (Met. I 89).

3.2.5. Manchmal gilt die Synaloephe auch im Innern eines Wortes. So werden oft zwei Silben, von denen die eine auf einen Vokal endet, die zweite mit einem Vokal beginnt, als eine Silbe gesprochen (Synizese), z. B. de͡inde.

4. Die Lehre vom Versbau ist die **Metrik.**

4.1. Das Metrum (auch Versfuß genannt) ist die kleinste im Vers wiederkehrende Einheit aus Längen und Kürzen. In Ovids Werken kommen folgende Metren vor:
a) Daktylus: – ◡ ◡, b) Spondeus: – –
Der Name Daktylus leitet sich von dem griechischen Wort für Finger ab, weil er aus einem längeren und zwei kürzeren Gliedern besteht; der Spondeus wurde beim Trankopfer (spondeum: Opferschale) häufig verwendet und hat daher seinen Namen.

4.2. Ovids Metamorphosen bestehen aus daktylischen Hexametern (griech.: sechs Metren), die anderen Werke Ovids sind in Distichen verfasst, d. h. auf je einen Hexameter folgt ein Pentameter (s. u.).

4.3. Der daktylische Hexameter besteht aus sechs Daktylen. Die beiden Kürzen können jeweils durch eine unbetonte Länge ersetzt werden, so dass sich ein Spondeus ergibt. Dies wird allerdings in der Regel im 5. Metrum vermieden. Tritt es doch ein, so spricht man von einem versus spondiacus. Dies hat dann eine besondere Bedeutung. Das sechste Metrum ist immer nur zweisilbig, wobei die zweite Silbe lang oder kurz (anceps) sein kann (Zeichen: ×). Schematisch dargestellt sieht ein Hexameter so aus:

$$\acute{-}\ \overline{\cup\cup}\ \big|\ \acute{-}\ \overline{\cup\cup}\ \big|\ \acute{-}\ \overline{\cup\cup}\ \big|\ \acute{-}\ \overline{\cup\cup}\ \big|\ \acute{-}\ \cup\cup\ \big|\ \acute{-}\ \times$$

Ein Hexameter mit vielen Kürzen wirkt schnell und beschwingt, ein Hexameter mit vielen Längen dagegen schwer und langsam.

4.4. Ein Hexameter ist auch dadurch geregelt, dass an bestimmten Stellen Ruhepausen entstehen durch ein

Wortende oder das Ende eines syntaktischen Abschnitts. Man spricht von einer Zäsur, wenn eine solche Pause innerhalb eines Metrums steht, von einer Dihärese, wenn sie sich am Ende eines Metrums findet.

4.4.1. Die häufigste Zäsur ist die Pause nach dem fünften halben Teil des Metrums, die sog. Penthemimeres, z. B. Met. I 1:

in nova fert animus mutatas dicere formas.
´– ∪ ∪ | ´– ∪ ∪ | ´– || – | ´– – | ´– ∪∪ | ´– –

4.4.2. Die zweithäufigste Zäsur ist die Pause nach dem siebten halben Teil des Metrums, die sog. Hephthemimeres, die jedoch selten allein auftritt, sondern mit einer Pause nach dem dritten halben Teil eines Metrums (Trithemimeres) verbunden ist, z. B. Met. I 15:

utque‿erat et tellus illic et pontus et aether.
´– ∪ ∪ | ´– || – | ´– – | ´– || – | ´– ∪ ∪ | ´– –

4.4.3. Die Dihärese steht am Ende eines Metrums, z. B. Met. VI 197:

excessere metum mea iam bona fingite demi.
´– – | ´– ∪ ∪ | ´– ∪∪ | ´– ∪ ∪ || ´– ∪∪ | ´– –

4.4.4. Der stärkste Ruhepunkt ist das Versende. Die Dichter lassen jedoch oft eine syntaktische Einheit in den nächsten Vers hineinragen, um eine engere Verbindung der Verse zu erreichen: dies nennt man Enjambement (Hinüberspringen in den nächsten Vers), z. B. poena metusque aberant nec verba minantia fixo/ aere legebantur ... (Met. I 91/2).

5. Der daktylische Pentameter besteht aus zwei Halbversen von der Form ´– ∪ ∪ | ´– ∪ ∪ | ´–; er ist somit eine Verdoppelung der ersten Hälfte des Hexmaters bis zur Penthemimeres. Es können aber nur in der ersten Hälfte des Pentameters die Daktylen durch Spondeen er-

setzt werden. Die letzte Silbe des 2. Teils ist anceps (×). So ergibt sich folgendes Schema:

–́ $\overline{⏑⏑}$ | –́ $\overline{⏑⏑}$ | –́ || –́ ⏑⏑ | –́ ⏑⏑ | ×́

Da der Vers sechs Hebungen hat, ist die Bezeichnung Pentameter (Fünffüßler) irreführend.

5.1. Ein Pentameter steht nie für sich allein, sondern folgt stets einem Hexameter. Der so entstehende Zweizeiler heißt Distichon. Da das Distichon hauptsächlich in der Elegie Verwendung findet, spricht man auch vom elegischen Versmaß. Als Beispiel für ein Distichon sei angeführt Trist. IV 10, 1/2:

Ille ego qui fuerim, tenerorum lusor amorum,
quem legis, ut noris, accipe posteritas.

–́ ⏑⏑ | –́ ⏑ ⏑ | –́ || ⏑⏑ | –́ – | –́ ⏑⏑ | –́ ⏑
–́ ⏑ ⏑ | –́ – | –́ || –́ ⏑ ⏑ | –́ ⏑⏑ | –́

Zeittafel

63 v. Chr.	Octavianus, der spätere Kaiser Augustus, wird geboren.
58–51	*Caesar* erobert Gallien und *schreibt seine Commentarii de bello Gallico.*
57	*Der Historiker Titus Livius wird geboren.*
ca. 55	*Der Elegiker Albius Tibullus wird geboren.*
49	Bürgerkrieg zwischen Caesar und Pompeius.
48	Entscheidungsschlacht bei Pharsalos, Sieg Caesars.
ca. 47	*Der Elegiker Sextus Propertius wird geboren.*
15. März 44	Caesar wird ermordet. Erneuter Ausbruch des Bürgerkrieges infolge der Ermordung Caesars.
43	Marcus Tullius Cicero wird ermordet.
20. März 43	**P. Ovidius Naso wird in Sulmo geboren.**
21. April 43	Schlacht von Mutina, bei der die beiden Konsuln Hirtius und Pansa fallen.
42	Schlacht von Philippi; Octavianus und Antonius besiegen die Caesarmörder Brutus und Cassius.
40 ff.	*Die Satiren des Horaz erscheinen.*
38–29	*Nach den Bucolica verfasst Vergil die Georgica.*
31	Octavian siegt bei Actium über Antonius und Kleopatra, wird Alleinherrscher und beendet die Bürgerkriege.
ab 30	*Tibull und Properz veröffentlichen ihre Elegien.*
29–19	*Vergil verfasst die Aeneis.*
27	Octavian erhält vom Senat den Ehrentitel Augustus.
23	*Horaz veröffentlicht das 1.–3. Buch der Oden.*

ab 20	**Ovid veröffentlicht die Amores (1. Auflage).**
19	Tod Vergils und Tibulls.
ca. 15	Tod des Properz.
13	*Horaz veröffentlicht das 4. Buch der Oden.*
8	Tod des Horaz und des Maecenas.
ca. 4	**Ovid veröffentlicht die Medea und die Heroidenbriefe (1. Auflage).**
1	**Die Amores erscheinen in 2. Auflage.**
1/2 n. Chr.	**Die Liebeskunst und die Heilmittel gegen die Liebe erscheinen.**
bis 8 n. Chr.	**2. Auflage der Heroidenbriefe, Metamorphosen und Fasten I–VI.**
8 n. Chr.	**Ovid wird nach Tomis ans Schwarze Meer relegiert.**
nach 8 n. Chr.	**Tristien, Epistulae ex Ponto, Neubearbeitung der Fasten, Schmähgedicht Ibis und Halieutica.**
14 n. Chr.	Tod des Augustus.
17/18 n. Chr.	**Tod Ovids in Tomis.**

Amores

1. Werbung

I 3

Iusta precor: quae me nuper praedata puella est.
aut amet aut faciat, cur ego semper amem!
a, nimium volui – tantum patiatur amari:
audierit nostras tot Cytherea preces!
accipe, per longos tibi qui deserviat annos:
accipe, qui pura norit amare fide!
si me non veterum commendant magna parentum
nomina, si nostri sanguinis auctor eques.
nec meus innumeris renovatur campus aratris,
temperat et sumptus parcus uterque parens,
at Phoebus comitesque novem vitisque repertor
hac faciunt, et me qui tibi donat, Amor,
et nulli cessura fides, sine crimine mores
nudaque simplicitas purpureusque pudor.
non mihi mille placent, non sum desultor amoris:
tu mihi, si qua fides, cura perennis eris.
tecum, quos dederint annos mihi fila sororum,
vivere contingat teque dolente mori!
te mihi materiem felicem in carmina praebe:
provenient causa carmina digna sua.
carmine nomen habent exterrita cornibus Io
et quam fluminea lusit adulter ave
quaeque super pontum simulato vecta iuvenco
virginea tenuit cornua vara manu.
nos quoque per totum pariter cantabimur orbem
iunctaque semper erunt nomina nostra tuis.

2. Liebe als Kriegsdienst

I 9

Militat omnis amans, et habet sua castra Cupido;
Attice, crede mihi, militat omnis amans.

quae bello est habilis, Veneri quoque convenit aetas:
turpe senex miles, turpe senilis amor.
quos petiere duces animos in milite forti,
hos petit in socio bella puella viro:
pervigilant ambo, terra requiescit uterque;
ille fores dominae servat, at ille ducis.
militis officium longa est via: mitte puellam,
strenuus exempto fine sequetur amans;
ibit in adversos montes duplicataque nimbo
flumina, congestas exteret ille nives.
nec freta pressurus tumidos causabitur Euros
aptaque verrendis sidera quaeret aquis.
quis nisi vel miles vel amans et frigora noctis
et denso mixtas perferet imbre nives?
mittitur infestos alter speculator in hostes,
in rivale oculos alter, ut hoste, tenet.
ille graves urbes, hic durae limen amicae
obsidet; hic portas frangit, at ille fores.
saepe soporatos invadere profuit hostes
caedere et armata vulgus inerme manu;
sic fera Threicii ceciderunt agmina Rhesi,
et dominum capti deseruistis equi:
nempe maritorum somnis utuntur amantes
et sua sopitis hostibus arma movent.
custodum transire manus vigilumque catervas
militis et miseri semper amantis opus.
Mars dubius, nec certa Venus: victique resurgunt,
quosque neges umquam posse iacere, cadunt.
ergo desidiam quicumque vocabat amorem,
desinat: ingenii est experientis Amor.
ardet in abducta Briseide maestus Achilles
(dum licet, Argeas frangite, Troes, opes);
Hector ab Andromaches complexibus ibat ad arma,
et galeam capiti quae daret, uxor erat;
summa ducum, Atrides visa Priameide fertur

Maenadis effusis obstipuisse comis;
Mars quoque deprensus fabrilia vincula sensit:
notior in caelo fabula nulla fuit.
ipse ego segnis eram discinctaque in otia natus;
mollierant animos lectus et umbra meos;
inpulit ignavum formosae cura puellae,
iussit et in castris aera merere suis.
inde vides agilem nocturnaque bella gerentem:
qui nolet fieri desidiosus, amet.

3. Unsterblichkeit des Dichters
I 15

Qvid mihi, Livor edax, ignavos obicis annos,
ingeniique vocas carmen inertis opus,
non me more patrum, dum strenua sustinet aetas,
praemia militiae pulverulenta sequi
nec me verbosas leges ediscere nec me
ingrato vocem prostituisse foro?
mortale est, quod quaeris, opus; mihi fama perennis
quaeritur, in toto semper ut orbe canar.
vivet Maeonides, Tenedos dum stabit et Ide,
dum rapidas Simois in mare volvet aquas;
vivet et Ascraeus, dum mustis uva tumebit,
dum cadet incurva falce resecta Ceres;
Battiades semper toto cantabitur orbe:
quamvis ingenio non valet, arte valet;
nulla Sophocleo veniet iactura cothurno;
cum sole et luna semper Aratus erit;
dum fallax servus, durus pater, improba lena
vivent et meretrix blanda, Menandros erit;
Ennius arte carens animosique Accius oris
casurum nullo tempore nomen habent;
Varronem primamque ratem quae nesciat aetas

aureaque Aesonio terga petita duci?
carmina sublimis tunc sunt peritura Lucreti,
exitio terras cum dabit una dies;
Tityrus et fruges Aeneiaque arma legentur,
Roma triumphati dum caput orbis erit;
donec erunt ignes arcusque Cupidinis arma,
discentur numeri, culte Tibulle, tui;
Gallus et Hesperiis et Gallus notus Eois,
et sua cum Gallo nota Lycoris erit.
ergo cum silices, cum dens patientis aratri
depereant aevo, carmina morte carent:
cedant carminibus reges regumque triumphi,
cedat et auriferi ripa benigna Tagi.
vilia miretur vulgus; mihi flavus Apollo
pocula Castaliā plena ministret aquā,
sustineamque coma metuentem frigora myrtum
atque a sollicito multus amante legar.
pascitur in vivis Livor; post fata quiescit,
cum suus ex merito quemque tuetur honos:
ergo etiam cum me supremus adederit ignis,
vivam, parsque mei multa superstes erit.

4. Gegen Abtreibung
II 14

Qvid iuvat inmunes belli cessare puellas
nec fera peltatas agmina velle sequi,
si sine Marte suis patiuntur vulnera telis
et caecas armant in sua fata manus?
quae prima instituit teneros convellere fetus,
militia fuerat digna perire sua.
scilicet ut careat rugarum crimine venter,
sternetur pugnae tristis harena tuae?
si mos antiquis placuisset matribus idem,

gens hominum vitio deperitura fuit,
quique iterum iaceret generis primordia nostri
in vacuo lapides orbe, parandus erat.
quis Priami fregisset opes, si numen aquarum
iusta recusasset pondera ferre Thetis?
Ilia si tumido geminos in ventre necasset,
casurus dominae conditor Urbis erat;
si Venus Aenean gravida temerasset in alvo,
Caesaribus tellus orba futura fuit.
tu quoque, cum posses nasci formosa, perisses,
temptasset, quod tu, si tua mater opus;
ipse ego, cum fuerim melius periturus amando,
vidissem nullos matre necante dies.
quid plenam fraudas vitem crescentibus uvis
pomaque crudeli vellis acerba manu?
sponte fluant matura sua: sine crescere nata:
est pretium parvae non leve vita morae.
vestra quid effoditis subiectis viscera telis
et nondum natis dira venena datis?
Colchida respersam puerorum sanguine culpant,
aque sua caesum matre queruntur Ityn:
utraque saeva parens, sed tristibus utraque causis
iactura socii sanguinis ulta virum.
dicite, quis Tereus, quis vos inritet Iaso
figere sollicita corpora vestra manu?
hoc neque in Armeniis tigres fecere latebris,
perdere nec fetus ausa leaena suos.
at tenerae faciunt, sed non impune, puellae:
saepe, suos utero quae necat, ipsa perit;
ipsa perit ferturque rogo resoluta capillos,
et clamant 'merito' qui modo cumque vident.
ista sed aetherias vanescant dicta per auras,
et sint ominibus pondera nulla meis.
di, faciles peccasse semel concedite tuto;
et satis est: poenam culpa secunda ferat.

Liebespaar, Mosaik aus dem 4. Jh. n. Chr., Römische Villa von Casale bei Piazza Amerina, Sizilien.

Ars amatoria

1. Prooemium
I 1–4; 35–40

Si quis in hoc artem populo non novit amandi,
hoc legat et lecto carmine doctus amet.
arte citae veloque rates remoque moventur,
arte leves currus: arte regendus Amor.
Principio, quod amare velis, reperire labora,
qui nova nunc primum miles in arma venis;
proximus huic labor est placitam exorare puellam;
tertius, ut longo tempore duret amor.
hic modus; haec nostro signabitur area curru;
haec erit admissa meta premenda rota.

2. Gelegenheiten
I 89–100

Sed tu praecipue curvis venare theatris;
haec loca sunt voto fertiliora tuo.
illic invenies quod ames, quod ludere possis.
quodque semel tangas, quodque tenere velis.
ut redit itque frequens longum formica per agmen,
granifero solitum cum vehit ore cibum,
aut ut apes saltusque suos et olentia nactae
pascua per flores et thyma summa volant,
sic ruit ad celebres cultissima femina ludos;
copia iudicium saepe morata meum est.
spectatum veniunt, veniunt spectentur ut ipsae;
ille locus casti damna pudoris habet.

3. Vergänglichkeit der Schönheit

II 113–124; 143–144

Forma bonum fragile est; quantumque accedit ad annos,
  fit minor et spatio carpitur ipsa suo.
nec violae semper nec hiantia lilia florent
  et riget amissa spina relicta rosa.
et tibi iam venient cani, formose, capilli,
  iam venient rugae, quae tibi corpus arent.
iam molire animum, qui duret, et adstrue formae:
  solus ad extremos permanet ille rogos.
nec levis ingenuas pectus coluisse per artes
  cura sit et linguas edidicisse duas.
non formosus erat, sed erat facundus Ulixes,
  et tamen aequoreas torsit amore deas.
ergo age, fallaci timide confide figurae,
  quisquis es, atque aliquid corpore pluris habe.

4. Anerkennung und Bewunderung

II 295–306; 311–314

Sed te, cuicumque est retinendae cura puellae,
  attonitum forma fac putet esse sua.
sive erit in Tyriis, Tyrios laudabis amictus;
  sive erit in Cois, Coa decere puta.
aurata est: ipso tibi sit pretiosior auro;
  gausapa si sumit, gausapa sumpta proba.
astiterit tunicata: „moves incendia“ clama,
  sed timida, caveat frigora, voce roga.
conpositum discrimen erit: discrimina lauda;
  torserit igne comam: torte capille, place.
bracchia saltantis, vocem mirare canentis,
  et, quod desierit, verba querentis habe.

tantum, ne pateas verbis simulator in illis,
effice nec vultu destrue dicta tuo.
si latet, ars prodest; adfert deprensa pudorem
atque adimit merito tempus in omne fidem.

5. Schönheitsfehler
III 255–280

Turba docenda venit pulchrae turpesque puellae,
pluraque sunt semper deteriora bonis.
formosae non artis opem praeceptaque quaerunt;
est illis sua dos, forma sine arte potens:
cum mare compositum est, securus navita cessat;
cum tumet, auxiliis adsidet ille suis.
rara tamen menda facies caret: occule mendas,
quaque potes, vitium corporis abde tui.
si brevis es, sedeas, ne stans videare sedere,
inque tuo iaceas quantulacumque toro
(hic quoque, ne possit fieri mensura cubantis,
iniecta lateant fac tibi veste pedes);
quae nimium gracilis, pleno velamina filo
sumat; et ex umeris laxus amictus eat;
pallida purpureis tangat sua corpora virgis,
nigrior ad Pharii confuge piscis opem;
pes malus in nivea semper celetur aluta,
arida nec vinclis crura resolve suis;
conveniunt tenues scapulis analemptrides altis,
angustum circa fascia pectus eat;
exiguo signet gestu, quodcumque loquetur,
cui digiti pingues et scaber unguis erit;
cui gravis oris odor, numquam ieiuna loquatur
et semper spatio distet ab ore viri;
si niger aut ingens aut non erit ordine natus
dens tibi, ridendo maxima damna feres.

6. Reiz der Bewegung
III 297–310

Omnibus his, quoniam prosunt, inpendite curam;
discite femineo corpora ferre gradu:
est et in incessu pars non contempta decoris;
allicit ignotos ille fugatque viros.
haec movet arte latus tunicisque fluentibus auras
accipit, extensos fertque superba pedes;
illa, velut coniunx Umbri rubicunda mariti,
ambulat, ingentis varica fertque gradus.
sed sit, ut in multis, modus hic quoque: rusticus alter
motus, concesso mollior alter erit.
pars umeri tamen ima tui, pars summa lacerti
nuda sit, a laeva conspicienda manu:
hoc vos praecipue, niveae, decet; hoc ubi vidi,
oscula ferre umero, qua patet, usque libet.

7. Verhalten beim Gastmahl
III 749–768

Sollicite expectas, dum te in convivia ducam,
et quaeris monitus hac quoque parte meos.
sera veni positaque decens incede lucerna:
grata mora venies, maxima lena mora est;
etsi turpis eris, formosa videbere potis,
et latebras vitiis nox dabit ipsa tuis.
carpe cibos digitis – est quidam gestus edendi –
ora nec immunda tota perungue manu;
neve domi praesume dapes, sed desine citra
quam capis: es paulo, quam potes esse, minus.
Priamides Helenen avide si spectet edentem,
oderit et dicat „stulta rapina mea est."

aptius est deceatque magis potare puellas:
cum Veneris puero non male, Bacche, facis.
hoc quoque, qua patiens caput est animusque pedesque
constant, nec, quae sunt singula, bina vide.
turpe iacens mulier multo madefacta Lyaeo:
digna est concubitus quoslibet illa pati.
nec somnis posita tutum succumbere mensa:
per somnos fieri multa pudenda solent.

8. Epilog
III 809–812

Lusus habet finem: cycnis descendere tempus,
duxerunt collo qui iuga nostra suo.
ut quondam iuvenes, ita nunc, mea turba, puellae
inscribant spoliis NASO MAGISTER ERAT.

Metamorphosen

1. Prooemium

I 1–4

In nova fert animus mutatas dicere formas
corpora. di, coeptis – nam vos mutastis et illas –
adspirate meis primaque ab origine mundi
ad mea perpetuum deducite tempora carmen!

2. Die Schöpfung

I 5–88

Ante mare et terras et, quod tegit omnia, caelum
unus erat toto naturae vultus in orbe,
quem dixere Chaos: rudis indigestaque moles
nec quicquam nisi pondus iners congestaque eodem
non bene iunctarum discordia semina rerum.
nullus adhuc mundo praebebat lumina Titan,
nec nova crescendo reparabat cornua Phoebe,
nec circumfuso pendebat in aëre tellus
ponderibus librata suis, nec bracchia longo
margine terrarum porrexerat Amphitrite.
utque erat et tellus illic et pontus et aër,
sic erat instabilis tellus, innabilis unda,
lucis egens aër; nulli sua forma manebat,
obstabatque aliis aliud, quia corpore in uno
frigida pugnabant calidis, umentia siccis,
mollia cum duris, sine pondere habentia pondus.
Hanc deus et melior litem natura diremit;
nam caelo terras et terris abscidit undas
et liquidum spisso secrevit ab aëre caelum.
quae postquam evolvit caecoque exemit acervo,
dissociata locis concordi pace ligavit.

ignea convexi vis et sine pondere caeli
emicuit summaque locum sibi fecit in arce;
proximus est aër illi levitate locoque,
densior his tellus elementaque grandia traxit
et pressa est gravitate sua; circumfluus umor
ultima possedit solidumque coërcuit orbem.
Sic ubi dispositam, quisquis fuit ille deorum,
congeriem secuit sectamque in membra redegit,
principio terram, ne non aequalis ab omni
parte foret, magni speciem glomeravit in orbis.
tum freta diffundi rapidisque tumescere ventis
iussit et ambitae circumdare litora terrae.
addidit et fontes et stagna inmensa lacusque
fluminaque obliquis cinxit declivia ripis,
quae, diversa locis, partim sorbentur ab ipsa,
in mare perveniunt partim campoque recepta
liberioris aquae pro ripis litora pulsant.
iussit et extendi campos, subsidere valles,
fronde tegi silvas, lapidosos surgere montes.
utque duae dextra caelum totidemque sinistra
parte secant zonae, quinta est ardentior illis,
sic onus inclusum numero distinxit eodem
cura dei, totidemque plagae tellure premuntur.
quarum quae media est, non est habitabilis aestu;
nix tegit alta duas; totidem inter utramque locavit
temperiemque dedit mixta cum frigore flamma.
Inminet his aër; qui, quanto est pondere terrae,
pondere aquae levior, tanto est onerosior igni.
illic et nebulas, illic consistere nubes
iussit et humanas motura tonitrua mentes
et cum fulminibus facientes fulgura ventos.
his quoque non passim mundi fabricator habendum
aëra permisit; vix nunc obsistitur illis,
cum sua quisque regant diverso flamina tractu,
quin lanient mundum: tanta est discordia fratrum.

Eurus ad auroram Nabataeaque regna recessit
Persidaque et radiis iuga subdita matutinis;
vesper et occiduo quae litora sole tepescunt,
proxima sunt Zephyro; Scythiam septemque triones
horrifer invasit Boreas; contraria tellus
nubibus adsiduis pluviaque madescit ab Austro.
haec super inposuit liquidum et gravitate carentem
aethera nec quicquam terrenae faecis habentem.
Vix ita limitibus dissaepserat omnia certis,
cum, quae pressa diu fuerant caligine caeca,
sidera coeperunt toto effervescere caelo.
neu regio foret ulla suis animalibus orba,
astra tenent caeleste solum formaeque deorum,
cesserunt nitidis habitandae piscibus undae,
terra feras cepit, volucres agitabilis aër.
Sanctius his animal mentisque capacius altae
deerat adhuc, et quod dominari in cetera posset:
natus homo est, sive hunc divino semine fecit
ille opifex rerum, mundi melioris origo,
sive recens tellus seductaque nuper ab alto
aethere cognati retinebat semina caeli;
quam satus Iapeto mixtam pluvialibus undis
finxit in effigiem moderantum cuncta deorum.
pronaque cum spectent animalia cetera terram,
os homini sublime dedit caelumque videre
iussit et erectos ad sidera tollere vultus.
sic, modo quae fuerat rudis et sine imagine, tellus
induit ignotas hominum conversa figuras.

3. Die vier Zeitalter
I 89–150

a) Das goldene Zeitalter
I 89–112

Aurea prima sata est aetas, quae vindice nullo,
sponte sua, sine lege fidem rectumque colebat.
poena metusque aberant nec verba minantia fixo
aere legebantur, nec supplex turba timebat
iudicis ora sui, sed erant sine vindice tuti.
nondum caesa suis, peregrinum ut viseret orbem,
montibus in liquidas pinus descenderat undas,
nullaque mortales praeter sua litora norant.
nondum praecipites cingebant oppida fossae;
non tuba directi, non aeris cornua flexi,
non galeae, non ensis erat; sine militis usu
mollia securae peragebant otia gentes.
ipsa quoque inmunis rastroque intacta nec ullis
saucia vomeribus per se dabat omnia tellus,
contentique cibis nullo cogente creatis
arbuteos fetus montanaque fraga legebant
cornaque et in duris haerentia mora rubetis
et, quae deciderant patula Iovis arbore, glandes.
ver erat aeternum, placidique tepentibus auris
mulcebant Zephyri natos sine semine flores.
mox etiam fruges tellus inarata ferebat,
nec renovatus ager gravidis canebat aristis;
flumina iam lactis, iam flumina nectaris ibant
flavaque de viridi stillabant ilice mella.

b) Das silberne Zeitalter
I 113–124

Postquam Saturno tenebrosa in Tartara misso
sub Iove mundus erat, subiit argentea proles,
auro deterior, fulvo pretiosior aere.
Iuppiter antiqui contraxit tempora veris
perque hiemes aestusque et inaequalis autumnos
et breve ver spatiis exegit quattuor annum.
tum primum siccis aër fervoribus ustus
canduit, et ventis glacies adstricta pependit.
tum primum subiere domos: domus antra fuerunt
et densi frutices et vinctae cortice virgae.
semina tum primum longis Cerealia sulcis
obruta sunt, pressique iugo gemuere iuvenci.

c) Das eherne und das eiserne Zeitalter
I 125–150

Tertia post illam successit aënea proles,
saevior ingeniis et ad horrida promptior arma,
non scelerata tamen. de duro est ultima ferro.
protinus inrupit venae peioris in aevum
omne nefas: fugere pudor verumque fidesque;
in quorum subiere locum fraudesque dolique
insidiaeque et vis et amor sceleratus habendi.
vela dabat ventis – nec adhuc bene noverat illos –
navita; quaeque diu steterant in montibus altis,
fluctibus ignotis exsultavere carinae.
communemque prius ceu lumina solis et auras
cautus humum longo signavit limite mensor.
nec tantum segetes alimentaque debita dives
poscebatur humus, sed itum est in viscera terrae,
quasque recondiderat Stygiisque admoverat umbris,

effodiuntur opes, inritamenta malorum.
iamque nocens ferrum ferroque nocentius aurum
prodierat: prodit bellum, quod pugnat utroque,
sanguineaque manu crepitantia concutit arma.
vivitur ex rapto; non hospes ab hospite tutus,
non socer a genero, fratrum quoque gratia rara est.
inminet exitio vir coniugis, illa mariti;
lurida terribiles miscent aconita novercae;
filius ante diem patrios inquirit in annos.
victa iacet pietas, et Virgo caede madentes,
ultima caelestum, terras Astraea reliquit.

4. Die Sintflut
I 262–312

Protinus Aeoliis Aquilonem claudit in antris
et, quaecumque fugant inductas flamina nubes,
emittitque Notum. madidis Notus evolat alis,
terribilem picea tectus caligine vultum;
barba gravis nimbis, canis fluit unda capillis,
fronte sedent nebulae, rorant pennaeque sinusque.
utque manu late pendentia nubila pressit,
fit fragor; hinc densi funduntur ab aethere nimbi.
nuntia Iunonis, varios induta colores,
concipit Iris aquas alimentaque nubibus affert.
sternuntur segetes et deplorata coloni
vota iacent, longique perit labor inritus anni.
Nec caelo contenta suo est Iovis ira, sed illum
caeruleus frater iuvat auxiliaribus undis.
convocat hic amnes. qui postquam tecta tyranni
intravere sui, „non est hortamine longo
nunc“ ait „utendum. vires effundite vestras,
sic opus est! aperite domos ac mole remota
fluminibus vestris totas inmittite habenas!“

iusserat: hi redeunt ac fontibus ora relaxant
et defrenato volvuntur in aequora cursu.
ipse tridente suo terram percussit. at illa
intremuit motuque vias patefecit aquarum.
exspatiata ruunt per apertos flumina campos
cumque satis arbusta simul pecudesque virosque
tectaque cumque suis rapiunt penetralia sacris.
siqua domus mansit potuitque resistere tanto
indeiecta malo, culmen tamen altior huius
unda tegit pressaeque latent sub gurgite turres.
Iamque mare et tellus nullum discrimen habebant:
omnia pontus erant, deerant quoque litora ponto.
occupat hic collem, cumba sedet alter adunca
et ducit remos illic, ubi nuper arabat;
ille supra segetes aut mersae culmina villae
navigat, hic summa piscem deprendit in ulmo.
figitur in viridi, si fors tulit, ancora prato,
aut subiecta terunt curvae vineta carinae;
et, modo qua graciles gramen carpsere capellae,
nunc ibi deformes ponunt sua corpora phocae.
mirantur sub aqua lucos urbesque domosque
Nereïdes; silvasque tenent delphines et altis
incursant ramis agitataque robora pulsant.
nat lupus inter oves, fulvos vehit unda leones,
unda vehit tigres; nec vires fulminis apro,
crura nec ablato prosunt velocia cervo;
quaesitisque diu terris, ubi sistere possit,
in mare lassatis volucris vaga decidit alis.
obruerat tumulos inmensa licentia ponti
pulsabantque novi montana cacumina fluctus.
maxima pars unda rapitur; quibus unda pepercit,
illos longa domant inopi ieiunia victu.

Quae tamen ex illis aliquo pars umida suco
Et terrena fuit, versa est in corporis usum;
Quod solidum est flectique nequit, mutatur in ossa;
Quae modo vena fuit, sub eodem nomine mansit.

Was an den Steinen zuvor durch irgend verborgene Säfte
Feucht und erdig gewesen, geht über in fleischige Teile;
Aber was hart ist und nicht zu biegen, erscheint nun als Knochen;
Was soeben noch Ader gewesen, bleibt fürderhin Ader. (Met. I, 407–10)

Gülçin Yilmaz, Steine werden Menschen, 1989. Kalenderblatt „Januar" eines für das Jahr 1990 von Schülern des Ricarda-Huch-Gymnasiums in Krefeld gestalteten Jahreskalenders zu Motiven aus den Metamorphosen Ovids.

5. Deucalion und Pyrrha
I 313–415

a) Rückgang der Flut
I 313–347

Separat Aonios Oetaeis Phocis ab arvis,
terra ferax, dum terra fuit, sed tempore in illo
pars maris et latus subitarum campus aquarum.
mons ibi verticibus petit arduus astra duobus,
nomine Parnasus, superantque cacumina nubes.
hic ubi Deucalion – nam cetera texerat aequor –
cum consorte tori parva rate vectus adhaesit,
Corycidas nymphas et numina montis adorant
fatidicamque Themin, quae tunc oracla tenebat.
non illo melior quisquam nec amantior aequi
vir fuit aut illa metuentior ulla deorum.
Iuppiter ut liquidis stagnare paludibus orbem
et superesse virum de tot modo milibus unum
et superesse videt de tot modo milibus unam,
innocuos ambos, cultores numinis ambo,
nubila disiecit nimbisque aquilone remotis
et caelo terras ostendit et aethera terris.
nec maris ira manet, positoque tricuspide telo
mulcet aquas rector pelagi supraque profundum
exstantem atque umeros innato murice tectum
caeruleum Tritona vocat conchaeque sonanti
inspirare iubet fluctusque et flumina signo
iam revocare dato. cava bucina sumitur illi,
tortilis, in latum quae turbine crescit ab imo,
bucina, quae, medio concepit ubi aëra ponto,
litora voce replet sub utroque iacentia Phoebo.
tunc quoque, ut ora dei madida rorantia barba
contigit et cecinit iussos inflata receptus,
omnibus audita est telluris et aequoris undis

et, quibus est undis audita, coërcuit omnes.
iam mare litus habet, plenos capit alveus amnes;
flumina subsidunt, collesque exire videntur;
surgit humus, crescunt loca decrescentibus undis.
postque diem longam nudata cacumina silvae
ostendunt limumque tenent in fronde relictum.

b) Das neue Menschengeschlecht
I 348–415

Redditus orbis erat; quem postquam vidit inanem
et desolatas agere alta silentia terras,
Deucalion lacrimis ita Pyrrham affatur obortis:
„o soror, o coniunx, o femina sola superstes,
quam commune mihi genus et patruelis origo,
deinde torus iunxit, nunc ipsa pericula iungunt,
terrarum, quascumque vident occasus et ortus,
nos duo turba sumus: possedit cetera pontus.
haec quoque adhuc vitae non est fuducia nostrae
certa satis: terrent etiam nunc nubila mentem.
quis tibi, si sine me fatis erepta fuisses,
nunc animus, miseranda, foret? quo sola timorem
ferre modo posses? quo consolante doleres?
namque ego, crede mihi, si te quoque pontus haberet,
te sequerer, coniunx, et me quoque pontus haberet.
o utinam possim populos reparare paternis
artibus atque animas formatae infundere terrae!
nunc genus in nobis restat mortale duobus –
sic visum est superis –, hominumque exempla manemus."
dixerat, et flebant; placuit caeleste precari
numen et auxilium per sacras quaerere sortes.
nulla mora est, adeunt pariter Cephisidas undas
ut nondum liquidas, sic iam vada nota secantes.
inde ubi libatos inroravere liquores

vestibus et capiti, flectunt vestigia sanctae
ad delubra deae, quorum fastigia turpi
pallebant musco stabantque sine ignibus arae.
ut templi tetigere gradus, procumbit uterque
pronus humi gelidoque pavens dedit oscula saxo.
atque ita „si precibus“ dixerunt „numina iustis
victa remollescunt, si flectitur ira deorum,
dic, Themi, qua generis damnum reparabile nostri
arte sit, et mersis fer opem, mitissima, rebus!“
Mota dea est sortemque dedit: „discedite templo
et velate caput cinctasque resolvite vestes
ossaque post tergum magnae iactate parentis!“
Obstipuere diu, rumpitque silentia voce
Pyrrha prior iussisque deae parere recusat.
detque sibi veniam, pavido rogat ore pavetque
laedere iactatis maternas ossibus umbras.
interea repetunt caecis obscura latebris
verba datae sortis secum inter seque volutant.
inde Promethides placidis Epimethida dictis
mulcet et „aut fallax“ ait „est sollertia nobis,
aut pia sunt nullumque nefas oracula suadent.
magna parens terra est; lapides in corpore terrae
ossa reor dici: iacere hos post terga iubemur.“
Coniugis augurio quamquam Titania mota est,
spes tamen in dubio est: adeo caelestibus ambo
diffidunt monitis. sed quid temptare nocebit?
discedunt velantque caput tunicasque recingunt
et iussos lapides sua post vestigia mittunt.
saxa – quis hoc credat, nisi sit pro teste vetustas? –
ponere duritiem coepere suumque rigorem
mollirique mora mollitaque ducere formam.
mox ubi creverunt naturaque mitior illis
contigit, ut quaedam, sic non manifesta, videri
forma potest hominis, sed uti de marmore coepta,
non exacta satis rudibusque simillima signis.

quae tamen ex illis aliquo pars umida suco
et terrena fuit, versa est in corporis usum;
quod solidum est flectique nequit, mutatur in ossa;
quae modo vena fuit, sub eodem nomine mansit:
inque brevi spatio superorum numine saxa
missa viri manibus faciem traxere virorum,
et de femineo reparata est femina iactu.
inde genus durum sumus experiensque laborum
et documenta damus, qua simus origine nati.

6. Narcissus und Echo

III 339–510

Ille per Aonias fama celeberrimus urbes
inreprehensa dabat populo responsa petenti;
prima fide vocisque ratae temptamina sumpsit
caerula Liriope. quam quondam flumine curvo
inplicuit clausaeque suis Cephisos in undis
vim tulit: enixa est utero pulcherrima pleno
infantem nymphe, iam tunc qui posset amari,
Narcissumque vocat; de quo consultus, an esset
tempora maturae visurus longa senectae,
fatidicus vates „si se non noverit“ inquit.
vana diu visa est vox auguris; exitus illam
resque probat letique genus novitasque furoris.
Namque ter ad quinos unum Cephisius annum
addiderat poteratque puer iuvenisque videri:
multi illum iuvenes, multae cupiere puellae;
sed fuit in tenera tam dura superbia forma:
nulli illum iuvenes, nullae tetigere puellae.
Adspicit hunc trepidos agitantem in retia cervos
vocalis nymphe, quae nec reticere loquenti
nec prius ipsa loqui didicit, resonabilis Echo.

Benvenuto Cellini (1500–1571), Narziss, Florenz, Museo Nazionale del Bargello.
Adstupet ipse sibi vultuque inmotus eodem
haeret ut e Pario formatum marmore signum. (Met. III 418/19)
Diese Verse mögen den Künstler angeregt haben zu seiner Statue aus griechischem Marmor, die Narziss auf einer niederen mit Strauchwerk bewachsenen Mauer an der Quelle sitzend zeigt. Über die rechte Schulter hinweg neigt sich sein Kopf dem Wasser entgegen.

Corpus adhuc Echo, non vox erat; et tamen usum
garrula non alium, quam nunc habet, oris habebat,
reddere de multis ut verba novissima posset.
fecerat hoc Iuno, quia, cum deprendere posset
sub Iove saepe suo nymphas in monte iacentes,
illa deam longo prudens sermone tenebat,
dum fugerent nymphae. postquam hoc Saturnia sensit,
„huius“ ait „linguae, qua sum delusa, potestas
parva tibi dabitur vocisque brevissimus usus“,
reque minas firmat; tamen haec in fine loquendi
ingeminat voces auditaque verba reportat.
Ergo ubi Narcissum per devia rura vagantem
vidit et incaluit, sequitur vestigia furtim,
quoque magis sequitur, flamma propiore calescit,
non aliter, quam cum summis circumlita taedis
admotas rapiunt vivacia sulpura flammas.
o quotiens voluit blandis accedere dictis
et molles adhibere preces! natura repugnat
nec sinit, incipiat; sed, quod sinit, illa parata est
exspectare sonos, ad quos sua verba remittat.
forte puer comitum seductus ab agmine fido
dixerat „ecquis adest?“, et „adest“ responderat Echo.
hic stupet, utque aciem partes dimittit in omnes,
voce „veni“ magna clamat: vocat illa vocantem.
respicit et rursus nullo veniente „quid“ inquit
„me fugis?“ et totidem, quot dixit, verba recepit.
perstat et alternae deceptus imagine vocis
„huc coeamus“ ait, nullique libentius umquam
responsura sono „coeamus“ rettulit Echo,
et verbis favet ipsa suis egressaque silva
ibat, ut iniceret sperato bracchia collo.
ille fugit fugiensque „manus conplexibus aufer!
ante“ ait „emoriar, quam sit tibi copia nostri.“
rettulit illa nihil nisi „sit tibi copia nostri.“

Spreta latet silvis pudibundaque frondibus ora
protegit et solis ex illo vivit in antris.
sed tamen haeret amor crescitque dolore repulsae;
et tenuant vigiles corpus miserabile curae,
adducitque cutem macies, et in aëra sucus
corporis omnis abit; vox tantum atque ossa supersunt:
vox manet; ossa ferunt lapidis traxisse figuram.
inde latet silvis nulloque in monte videtur,
omnibus auditur: sonus est, qui vivit in illa.
Sic hanc, sic alias undis aut montibus ortas
luserat hic nymphas, sic coetus ante viriles;
inde manus aliquis despectus ad aethera tollens
„sic amet ipse licet; sic non potiatur amato!“
dixerat; adsensit precibus Rhamnusia iustis.
Fons erat inlimis, nitidis argenteus undis,
quem neque pastores neque pastae monte capellae
contigerant aliudve pecus, quem nulla volucris
nec fera turbarat nec lapsus ab arbore ramus.
gramen erat circa, quod proximus umor alebat,
silvaque sole locum passura tepescere nullo.
hic puer et studio venandi lassus et aestu
procubuit faciemque loci fontemque secutus.
dumque sitim sedare cupit, sitis altera crevit,
dumque bibit, visae conreptus imagine formae
spem sine corpore amat: corpus putat esse, quod unda est.
adstupet ipse sibi vultuque inmotus eodem
haeret ut e Pario formatum marmore signum.
spectat humi positus geminum, sua lumina, sidus
et dignos Baccho, dignos et Apolline crines
inpubesque genas et eburnea colla decusque
oris et in niveo mixtum candore ruborem
cunctaque miratur, quibus est mirabilis ipse.
se cupit inprudens et, qui probat, ipse probatur,
dumque petit, petitur pariterque accendit et ardet.
inrita fallaci quotiens dedit oscula fonti!

in mediis quotiens visum captantia collum
bracchia mersit aquis nec se deprendit in illis!
quid videat, nescit, sed, quod videt, uritur illo;
atque oculos idem, qui decipit, incitat error.
credule, quid frustra simulacra fugacia captas?
quod petis, est nusquam; quod amas, avertere, perdes.
ista repercussae, quam cernis, imaginis umbra est:
nil habet ista sui: tecum venitque manetque,
tecum discedet, si tu discedere possis.

Non illum Cereris, non illum cura quietis
abstrahere inde potest, sed opaca fusus in herba
spectat inexpleto mendacem lumine formam
perque oculos perit ipse suos paulumque levatus,
ad circumstantes tendens sua bracchia silvas
„ecquis, io, silvae, crudelius" inquit „amavit?
scitis enim et multis latebra opportuna fuistis.
ecquem, cum vestrae tot agantur saecula vitae,
qui sic tabuerit, longo meministis in aevo?
et placet et video, sed, quod videoque placetque,
non tamen invenio: tantus tenet error amantem!
quoque magis doleam, nec nos mare separat ingens
nec via nec montes nec clausis moenia portis:
exigua prohibemur aqua! cupit ipse teneri!
nam quotiens liquidis porreximus oscula lymphis,
hic totiens ad me resupino nititur ore.
posse putes tangi: minimum est, quod amantibus obstat.
quisquis es, huc exi! quid me, puer unice, fallis
quove petitus abis? certe nec forma nec aetas
est mea, quam fugias; et amarunt me quoque nymphae.
spem mihi – nescioquam – vultu promittis amico,
cumque ego porrexi tibi bracchia, porrigis ultro;
cum risi, adrides; lacrimas quoque saepe notavi
me lacrimante tuas; nutu quoque signa remittis
et, quantum motu formosi suspicor oris,
verba refers aures non pervenientia nostras.

iste ego sum! sensi; nec me mea fallit imago:
uror amore mei, flammas moveoque feroque.
quid faciam? roger, anne rogem? quid deinde rogabo?
quod cupio, mecum est: inopem me copia fecit.
o utinam a nostro secedere corpore possem!
votum in amante novum: vellem, quod amamus, abesset! –
iamque dolor vires adimit, nec tempora vitae
longa meae superant, primoque extinguor in aevo.
nec mihi mors gravis est posituro morte dolores:
hic, qui diligitur, vellem, diuturnior esset!
nunc duo concordes anima moriemur in una.“
Dixit et ad faciem rediit male sanus eandem
et lacrimis turbavit aquas, obscuraque moto
reddita forma lacu est. quam cum vidisset abire,
„quo refugis? remane nec me, crudelis, amantem
desere!“ clamavit „liceat, quod tangere non est,
adspicere et misero praebere alimenta furori!“
dumque dolet, summa vestem diduxit ab ora
nudaque marmoreis percussit pectora palmis.
pectora traxerunt roseum percussa ruborem,
non aliter quam poma solent, quae candida parte,
parte rubent, aut ut variis solet uva racemis
ducere purpureum nondum matura colorem.
quae simul adspexit liquefacta rursus in unda,
non tulit ulterius, sed, ut intabescere flavae
igne levi cerae matutinaeque pruinae
sole tepente solent, sic attenuatus amore
liquitur et tecto paulatim carpitur igni,
et neque iam color est mixto candore rubori
nec vigor et vires et quae modo visa placebant,
nec corpus remanet, quondam quod amaverat Echo.
quae tamen ut vidit, quamvis irata memorque
indoluit, quotiensque puer miserabilis „eheu“
dixerat, haec resonis iterabat vocibus „eheu“.
cumque suos manibus percusserat ille lacertos,

haec quoque reddebat sonitum plangoris eundem.
ultima vox solitam fuit haec spectantis in undam:
„heu frustra dilecte puer!“, totidemque remisit
verba locus, dictoque vale „vale“ inquit et Echo.
Ille caput viridi fessum submisit in herba;
lumina mors clausit domini mirantia formam.
tum quoque se, postquam est inferna sede receptus,
in Stygia spectabat aqua. planxere sorores,
Naides, et sectos fratri posuere capillos.
planxerunt Dryades: plangentibus adsonat Echo.
iamque rogum quassasque faces feretrumque parabant:
nusquam corpus erat; croceum pro corpore florem
inveniunt foliis medium cingentibus albis.

7. Pyramus und Thisbe
IV 55–166

Pyramus et Thisbe, iuvenum pulcherrimus alter,
altera, quas Oriens habuit, praelata puellis,
contiguas tenuere domos, ubi dicitur altam
coctilibus muris cinxisse Semiramis urbem.
notitiam primosque gradus vicinia fecit,
tempore crevit amor. taedae quoque iure coissent,
sed vetuere patres. quod non potuere vetare,
ex aequo captis ardebant mentibus ambo.
conscius omnis abest, nutu signisque loquuntur,
quoque magis tegitur, tectus magis aestuat ignis.
fissus erat tenui rima, quam duxerat olim,
cum fieret, paries domui communis utrique.
id vitium nulli per saecula longa notatum –
quid non sentit amor? – primi vidistis amantes
et vocis fecistis iter; tutaeque per illud
murmure blanditiae minimo transire solebant.
saepe, ubi constiterant, hinc Thisbe, Pyramus illinc,

inque vices fuerat captatus anhelitus oris,
„invide“ dicebant „paries, quid amantibus obstas?
quantum erat, ut sineres toto nos corpore iungi,
aut, hoc si nimium est, vel ad oscula danda pateres?
nec sumus ingrati: tibi nos debere fatemur,
quod datus est verbis ad amicas transitus aures.“
Talia diversa nequiquam sede locuti
sub noctem dixere „vale“ partique dedere
oscula quisque suae non pervenientia contra.
postera nocturnos Aurora removerat ignes
solque pruinosas radiis siccaverat herbas:
ad solitum coiere locum. tum murmure parvo
multa prius questi statuunt, ut nocte silenti
fallere custodes foribusque excedere temptent,
cumque domo exierint, urbis quoque tecta relinquant,
neve sit errandum lato spatiantibus arvo,
conveniant ad busta Nini lateantque sub umbra
arboris: arbor ibi niveis uberrima pomis,
ardua morus, erat, gelido contermina fonti.
pacta placent; et lux tarde discedere visa
praecipitatur aquis, et aquis nox exit ab isdem.
callida per tenebras versato cardine Thisbe
egreditur fallitque suos adopertaque vultum
pervenit ad tumulum dictaque sub arbore sedit:
audacem faciebat amor. venit ecce recenti
caede leaena boum spumantes oblita rictus,
depositura sitim vicini fontis in unda;
quam procul ad lunae radios Babylonia Thisbe
vidit et obscurum timido pede fugit in antrum,
dumque fugit, tergo velamina lapsa reliquit.
ut lea saeva sitim multa conpescuit unda,
dum redit in silvas, inventos forte sine ipsa
ore cruentato tenues laniavit amictus.
serius egressus vestigia vidit in alto
pulvere certa ferae totoque expalluit ore

Pyramus; ut vero vestem quoque sanguine tinctam
repperit, „una duos" inquit „nox perdet amantes,
e quibus illa fuit longa dignissima vita;
nostra nocens anima est. ego te, miseranda, peremi,
in loca plena metus, qui iussi, nocte venires,
nec prior huc veni. nostrum divellite corpus
et scelerata fero consumite viscera morsu,
o quicumque sub hac habitatis rupe, leones!
sed timidi est optare necem!" velamina Thisbes
tollit et ad pactae secum fert arboris umbram,
utque dedit notae lacrimas, dedit oscula vesti,
„accipe nunc" inquit „nostri quoque sanguinis haustus!"
quoque erat accintus, demisit in ilia ferrum,
nec mora, ferventi moriens e vulnere traxit
et iacuit resupinus humo: cruor emicat alte,
non aliter, quam cum vitiato fistula plumbo
scinditur et tenui stridente foramine longas
eiaculatur aquas atque ictibus aëra rumpit.
arborei fetus adspergine caedis in atram
vertuntur faciem, madefactaque sanguine radix
purpureo tingit pendentia mora colore.
  Ecce metu nondum posito, ne fallat amantem,
illa redit iuvenemque oculis animoque requirit,
quantaque vitarit, narrare pericula gestit.
utque locum et visa cognoscit in arbore formam,
sic facit incertam pomi color: haeret, an haec sit.
dum dubitat, tremebunda videt pulsare cruentum
membra solum retroque pedem tulit oraque buxo
pallidiora gerens exhorruit aequoris instar,
quod tremit, exigua cum summum stringitur aura.
sed postquam remorata suos cognovit amores,
percutit indignos claro plangore lacertos
et laniata comas amplexaque corpus amatum
vulnera supplevit lacrimis fletumque cruori
miscuit et gelidis in vultibus oscula figens

„Pyrame“, clamavit „quis te mihi casus ademit?
Pyrame, responde! tua te, carissime, Thisbe
nominat: exaudi vultusque attolle iacentes!“
ad nomen Thisbes oculos iam morte gravatos
Pyramus erexit visaque recondidit illa.
quae postquam vestemque suam cognovit et ense
vidit ebur vacuum, „tua te manus“ inquit „amorque
perdidit, infelix! est et mihi fortis in unum
hoc manus, est et amor; dabit hic in vulnera vires.
persequar extinctum letique miserrima dicar
causa comesque tui; quique a me morte revelli,
heu, sola poteras, poteris nec morte revelli,
hoc tamen amborum verbis estote rogati,
o multum miseri meus illiusque parentes,
ut, quos certus amor, quos hora novissima iunxit,
conponi tumulo non invideatis eodem!
at tu, quae ramis arbor miserabile corpus
nunc tegis unius, mox es tectura duorum,
signa tene caedis pullosque et luctibus aptos
semper habe fetus, gemini monumenta cruoris!“
Dixit et aptato pectus mucrone sub imum
incubuit ferro, quod adhuc a caede tepebat.
vota tamen tetigere deos, tetigere parentes:
nam color in pomo est, ubi permaturuit, ater,
quodque rogis superest, una requiescit in urna.

8. Niobe
VI 146–315

a) Der Hochmut der Tantalustochter
VI 146–203

Lydia tota fremit Phrygiaeque per oppida facti
rumor it et magnum sermonibus occupat orbem.
ante suos Niobe thalamos cognoverat illam,
tum cum Maeoniam virgo Sipylumque colebat;
nec tamen admonita est poena popularis Arachnes
cedere caelitibus verbisque minoribus uti.
multa dabant animos; sed enim nec coniugis artes
nec genus amborum magnique potentia regni
sic placuere illi, quamvis ea cuncta placerent,
ut sua progenies, et felicissima matrum
dicta foret Niobe, si non sibi visa fuisset.
nam sata Tiresia, venturi praescia Manto,
per medias fuerat, divino concita motu,
vaticinata vias: „Ismenides, ite frequentes
et date Latonae Latonigenisque duobus
cum prece tura pia lauroque innectite crinem!
ore meo Latona iubet.“ paretur, et omnes
Thebaïdes iussis sua tempora frondibus ornant
turaque dant sanctis et verba precantia flammis.
Ecce venit comitum Niobe celeberrima turba,
vestibus intexto Phrygiis spectabilis auro
et, quantum ira sinit, formosa; movensque decoro
cum capite inmissos umerum per utrumque capillos
constitit. utque oculos circumtulit alta superbos,
„quis furor, auditos“ inquit „praeponere visis
caelestes? aut cur colitur Latona per aras,
numen adhuc sine ture meum est? mihi Tantalus auctor,
cui licuit soli superorum tangere mensas;
Pleïadum soror est genetrix mea; maximus Atlas

est avus, aetherium qui fert cervicibus axem;
Iuppiter alter avus: socero quoque glorior illo.
me gentes metuunt Phrygiae, me regia Cadmi
sub domina est, fidibusque mei commissa mariti
moenia cum populis a meque viroque reguntur.
in quamcumque domus adverti lumina partem,
inmensae spectantur opes; accedit eodem
digna dea facies; huc natas adice septem
et totidem iuvenes et mox generosque nurusque!
quaerite nunc, habeat quam nostra superbia causam,
nescio quoque audete satam Titanida Coeo
Latonam praeferre mihi, cui maxima quondam
exiguam sedem pariturae terra negavit!
nec caelo nec humo nec aquis dea vestra recepta est;
exsul erat mundi, donec miserata vagantem
'hospita tu terris erras, ego' dixit 'in undis',
instabilemque locum Delos dedit. illa duorum
facta parens: uteri pars haec est septima nostri!
sum felix – quis enim neget hoc? – felixque manebo!
– hoc quoque quis dubitet? –: tutam me copia fecit.
maior sum, quam cui possit Fortuna nocere,
multaque ut eripiat, multo mihi plura relinquet.
excessere metum mea iam bona. fingite demi
huic aliquid populo natorum posse meorum,
non tamen ad numerum redigar spoliata duorum,
Latonae turbam: qua quantum distat ab orba?
ite, satis, properate, sacri est, laurumque capillis
ponite!" deponunt et sacra infecta relinquunt,
quodque licet, tacito venerantur murmure numen.

b) Die Rache Latonas
VI 204–315

Indignata dea est summoque in vertice Cynthi
talibus est dictis gemina cum prole locuta:
„En ego, vestra parens, vobis animosa creatis
et nisi Iunoni nulli cessura dearum,
an dea sim, dubitor perque omnia saecula cultis
arceor, o nati, nisi vos succurritis, aris.
nec dolor hic solus: diro convicia facto
Tantalis adiecit vosque est postponere natis
ausa suis et me, quod in ipsam reccidat, orbam
dixit et exhibuit linguam scelerata paternam."
adiectura preces erat his Latona relatis:
„desine!" Phoebus ait „poenae mora longa querella est."
dixit idem Phoebe, celerique per aëra lapsu
contigerant tecti Cadmeïda nubibus arcem.
Planus erat lateque patens prope moenia campus
adsiduis pulsatus equis, ubi turba rotarum
duraque mollierat subiectas ungula glaebas.
pars ibi de septem genitis Amphione fortes
conscendunt in equos Tyrioque rubentia suco
terga premunt auroque graves moderantur habenas.
e quibus Ismenus, qui matri sarcina quondam
prima suae fuerat, dum certum flectit in orbem
quadripedis cursus spumantiaque ora coërcet,
„ei mihi!" conclamat medioque in pectore fixa
tela gerit frenisque manu moriente remissis
in latus a dextro paulatim defluit armo.
proximus audito sonitu per inane pharetrae
frena dabat Sipylus, veluti cum praescius imbris
nube fugit visa pendentiaque undique rector
carbasa deducit, ne qua levis effluat aura.
frena tamen dantem non evitabile telum
consequitur summaque tremens cervice sagitta

haesit, et exstabat nudum de gutture ferrum.
ille, ut erat pronus, per crura admissa iubasque
volvitur et calido tellurem sanguine foedat.
Phaedimus infelix et, aviti nominis heres,
Tantalus, ut solito finem imposuere labori,
transierant ad opus nitidae iuvenale palaestrae
et iam contulerant arto luctantia nexu
pectora pectoribus: contento concita nervo,
sicut erant iuncti, traiecit utrumque sagitta.
ingemuere simul, simul incurvata dolore
membra solo posuere, simul suprema iacentes
lumina versarunt, animam simul exhalarunt.
adspicit Alphenor laniataque pectora plangens
advolat, ut gelidos conplexibus adlevet artus,
inque pio cadit officio; nam Delius illi
intima fatifero rupit praecordia ferro;
quod simul eductum est, pars et pulmonis in hamis
eruta cumque anima cruor est effusus in auras.
at non intonsum simplex Damasichthona vulnus
adficit: ictus erat, qua crus esse incipit et qua
mollia nervosus facit internodia poples;
dumque manu temptat trahere exitiabile telum,
altera per iugulum pennis tenus acta sagitta est.
expulit hanc sanguis seque eiaculatus in altum
emicat et longe terebrata prosilit aura.
ultimus Ilioneus non profectura precando
bracchia sustulerat „di“ que „o communiter omnes,“
dixerat ignarus non omnes esse rogandos,
„parcite!“ motus erat, cum iam revocabile telum
non fuit, arquitenens. minimo tamen occidit ille
vulnere non alte percusso corde sagitta.

Fama mali populique dolor lacrimaeque suorum
tam subitae matrem certam fecere ruinae
mirantem potuisse irascentemque, quod ausi
hoc essent superi, quod tantum iuris haberent.

nam pater Amphion ferro per pectus adacto
finierat moriens pariter cum luce dolorem.
heu quantum haec Niobe Niobe distabat ab illa,
quae modo Latois populum submoverat aris
et mediam tulerat gressus resupina per urbem,
invidiosa suis, at nunc miseranda vel hosti.
corporibus gelidis incumbit et ordine nullo
oscula dispensat natos suprema per omnes.
a quibus ad caelum liventia bracchia tollens
„pascere, crudelis, nostro, Latona, dolore,
pascere“ ait „satiaque meo tua pectora luctu;
corque ferum satia!“ dixit. „per funera septem
efferor. exsulta victrixque inimica triumpha!
cur autem victrix? miserae mihi plura supersunt,
quam tibi felici: post tot quoque funera vinco.“
  Dixerat et sonuit contento nervus ab arcu.
qui praeter Nioben unam conterruit omnes:
illa malo est audax. stabant cum vestibus atris
ante toros fratrum demisso crine sorores.
e quibus una trahens haerentia viscere tela
inposito fratri moribunda relanguit ore;
altera solari miseram conata parentem
conticuit subito duplicataque vulnere caeco est.
haec frustra fugiens collabitur, illa sorori
inmoritur; latet haec, illam trepidare videres.
sexque datis leto diversaque vulnera passis
ultima restabat; quam toto corpore mater,
tota veste tegens „unam minimamque relinque!
de multis minimam posco“ clamavit „et unam!“
  Dumque rogat, pro qua rogat, occidit. orba resedit
exanimes inter natos natasque virumque
deriguitque malis: nullos movet aura capillos,
in vultu color est sine sanguine, lumina maestis
stant inmota genis; nihil est in imagine vivum.
ipsa quoque interius cum duro lingua palato

congelat, et venae desistunt posse moveri;
nec flecti cervix nec bracchia reddere motus
nec pes ire potest; intra quoque viscera saxum est.
flet tamen et validi circumdata turbine venti
in patriam rapta est; ibi fixa cacumine montis
liquitur, et lacrimas etiam nunc marmora manant.
Tunc vero cuncti manifestam numinis iram
femina virque timent, cultuque inpensius omnes
magna gemelliparae venerantur numina divae.

9. Die lykischen Bauern
VI 316–381

Utque fit, a facto propiore priora renarrant.
e quibus unus ait: „Lyciae quoque fertilis agris
non inpune deam veteres sprevere coloni.
res obscura quidem est ignobilitate virorum,
mira tamen. vidi praesens stagnumque locumque
prodigio notum; nam me iam grandior aevo
inpatiensque viae genitor deducere lectos
iusserat inde boves gentisque illius eunti
ipse ducem dederat. cum quo dum pascua lustro,
ecce lacu medio sacrorum nigra favilla
ara vetus stabat tremulis circumdata cannis.
restitit et pavido ‘faveas mihi’ murmure dixit
dux meus, et simili ‘faveas’ ego murmure dixi.
Naiadum Faunine foret tamen ara rogabam
indigenaene dei, cum talia rettulit hospes:
‘Non hac, o iuvenis, montanum numen in ara est:
illa suam vocat hanc, cui quondam regia coniunx
orbem interdixit; quam vix erratica Delos
orantem accepit, tum cum levis insula nabat.
illic incumbens cum Palladis arbore palmae
edidit invita geminos Latona noverca;

hinc quoque Iunonem fugisse puerpera fertur
inque suo portasse sinu, duo numina, natos.
iamque Chimaeriferae, cum sol gravis ureret arva,
finibus in Lyciae longo dea fessa labore
sidereo siccata sitim collegit ab aestu,
uberaque ebiberant avidi lactantia nati.
forte lacum mediocris aquae prospexit in imis
vallibus: agrestes illic fruticosa legebant
vimina cum iuncis gratamque paludibus ulvam.
accessit positoque genu Titania terram
pressit, ut hauriret gelidos potura liquores.
rustica turba vetat. dea sic affata vetantes:
'Quid prohibetis aquis? usus communis aquarum est!
nec solem proprium natura nec aëra fecit
nec tenues undas: ad publica munera veni;
quae tamen ut detis, supplex peto. non ego nostros
abluere hic artus lassataque membra parabam,
sed relevare sitim. caret os umore loquentis
et fauces arent vixque est via vocis in illis.
haustus aquae mihi nectar erit, vitamque fatebor
accepisse simul: vitam dederitis in unda.
hi quoque vos moveant, qui nostro bracchia tendunt
parva sinu.' et casu tendebant bracchia nati.
quem non blanda deae potuissent verba movere?
hi tamen orantem perstant prohibere minasque,
ni procul abscedat, conviciaque insuper addunt.
nec satis est: ipsos etiam pedibusque manuque
turbavere lacus imoque e gurgite mollem
huc illuc limum saltu movere maligno.
distulit ira sitim; neque enim iam filia Coei
supplicat indignis nec dicere sustinet ultra
verba minora dea tollensque ad sidera palmas
'aeternum stagno' dixit 'vivatis in isto!'
Eveniunt optata deae: iuvat esse sub undis
et modo tota cava submergere membra palude,

nunc proferre caput, summo modo gurgite nare,
saepe super ripam stagni consistere, saepe
in gelidos resilire lacus. sed nunc quoque turpes
litibus exercent linguas pulsoque pudore,
quamvis sint sub aqua, sub aqua maledicere temptant.
vox quoque iam rauca est inflataque colla tumescunt
ipsaque dilatant patulos convicia rictus.
terga caput tangunt, colla intercepta videntur;
spina viret; venter, pars maxima corporis, albet;
limosoque novae saliunt in gurgite ranae."

10. Daedalus und Icarus
VIII 183–259

a) Der Sturz des Icarus
VIII 183–235

Daedalus interea Creten longumque perosus
exsilium tactusque loci natalis amore
clausus erat pelago. „terras licet" inquit „et undas
obstruat, at caelum certe patet: ibimus illac!
omnia possideat, non possidet aëra Minos."
dixit et ignotas animum dimittit in artes
naturamque novat. nam ponit in ordine pennas,
a minima coeptas, longam breviore sequente,
ut clivo crevisse putes: sic rustica quondam
fistula disparibus paulatim surgit avenis.
tum lino medias et ceris adligat imas
atque ita compositas parvo curvamine flectit,
ut veras imitetur aves. puer Icarus una
stabat et ignarus sua se tractare pericla
ore renidenti modo, quas vaga moverat aura,
captabat plumas, flavam modo pollice ceram
mollibat lusuque suo mirabile patris

Bettina Petersen, Icarus, Federzeichnung einer Schülerin der Jahrgangsstufe 13 (1985) des St.-Joseph-Gymnasiums Rheinbach, veröffentlicht in: St. Joseph-Gymnasium 1911–1986, Festschrift zum 75-jährigen Bestehen. Der Daedalus-und-Icarus-Mythos gehört zu den am häufigsten in der bildenden Kunst dargestellten Sagen (vgl. das Umschlagbild). Er zeugt von dem uralten Menschheitstraum, fliegen zu können, aber auch von der superbia, die nach antiker Vorstellung damit verbunden war, und dem Preis, den man für die Verwirklichung dieses Traumes zu allen Zeiten zahlen muss.

inpediebat opus. postquam manus ultima coepto
inposita est, geminas opifex libravit in alas
ipse suum corpus motaque pependit in aura.
Instruit et natum „medio“ que „ut limite curras,
Icare“, ait „moneo, ne, si demissior ibis,
unda gravet pennas, si celsior, ignis adurat.
inter utrumque vola! nec te spectare Booten
aut Helicen iubeo strictumque Orionis ensem:
me duce carpe viam!“ pariter praecepta volandi
tradit et ignotas umeris accommodat alas.
inter opus monitusque genae maduere seniles,
et patriae tremuere manus. dedit oscula nato
non iterum repetenda suo pennisque levatus
ante volat comitique timet, velut ales, ab alto
quae teneram prolem produxit in aëra nido,
hortaturque sequi damnosasque erudit artes
et movet ipse suas et nati respicit alas.
hos aliquis, tremula dum captat harundine pisces,
aut pastor baculo stivave innixus arator
vidit et obstipuit, quique aethera carpere possent,
credidit esse deos. et iam Iunonia laeva
parte Samos – fuerant Delosque Parosque relictae –,
dextra Lebinthos erat fecundaque melle Calymne,
cum puer audaci coepit gaudere volatu
deseruitque ducem caelique cupidine tractus
altius egit iter. rapidi et vicinia solis
mollit odoratas, pennarum vincula, ceras.
tabuerant cerae: nudos quatit ille lacertos
remigioque carens non ullas percipit auras;
oraque caerulea patrium clamantia nomen
excipiuntur aqua: quae nomen traxit ab illo.
at pater infelix – nec iam pater – „Icare“ dixit,
„Icare“, dixit „ubi es? qua te regione requiram?“
„Icare“ dicebat: pennas adspexit in undis

devovitque suas artes corpusque sepulcro
condidit. et tellus a nomine dicta sepulti.

b) Das Verbrechen an Perdix
VIII 236–259

Hunc miseri tumulo ponentem corpora nati
garrula limoso prospexit ab elice perdix
et plausit pennis testataque gaudia cantu est:
unica tunc volucris nec visa prioribus annis
factaque nuper avis, longum tibi, Daedale, crimen.
namque huic tradiderat fatorum ignara docendam
progeniem germana suam, natalibus actis
bis puerum senis, animi ad praecepta capacis.
ille etiam medio spinas in pisce notatas
traxit in exemplum ferroque incidit acuto
perpetuos dentes et serrae repperit usum
primus et ex uno duo ferrea bracchia nodo
vinxit, ut aequali spatio distantibus illis
altera pars staret, pars altera duceret orbem.
Daedalus invidit sacraque ex arce Minervae
praecipitem misit lapsum mentitus; at illum,
quae favet ingeniis, excepit Pallas avemque
reddidit et medio velavit in aëre pennis;
sed vigor ingenii quondam velocis in alas
inque pedes abiit: nomen, quod et ante, remansit.
non tamen haec alte volucris sua corpora tollit
nec facit in ramis altoque cacumine nidos;
propter humum volitat ponitque in saepibus ova
antiquique memor metuit sublimia casus.

11. Philemon und Baucis
VIII 611–724

a) Einleitung
VIII 611–625

Amnis ab his tacuit. factum mirabile cunctos
moverat: inridet credentes, utque deorum
spretor erat mentisque ferox, Ixione natus
„ficta refers nimiumque putas, Acheloe, potentes
esse deos," dixit „si dant adimuntque figuras."
obstipuere omnes nec talia dicta probarunt,
ante omnesque Lelex animo maturus et aevo,
sic ait: „Inmensa est finemque potentia caeli
non habet et, quidquid superi voluere, peractum est.
quoque minus dubites, tiliae contermina quercus
collibus est Phrygiis, medio circumdata muro:
ipse locum vidi; nam me Pelopeïa Pittheus
misit in arva suo quondam regnata parenti.
haud procul hinc stagnum est, tellus habitabilis olim,
nunc celebres mergis fulicisque palustribus undae.

b) Gastfreundschaft bei Philemon und Baucis
VIII 626–694

Iuppiter huc specie mortali cumque parente
venit Atlantiades positis caducifer alis.
mille domos adiere locum requiemque petentes:
mille domos clausere serae. tamen una recepit,
parva quidem stipulis et canna tecta palustri,
sed pia: Baucis anus parilique aetate Philemon
illa sunt annis iuncti iuvenalibus, illa
consenuere casa paupertatemque fatendo
effecere levem nec iniqua mente ferendo.

nec refert, dominos illic famulosne requiras:
tota domus duo sunt, idem parentque iubentque.
ergo ubi caelicolae parvos tetigere penates
submissoque humiles intrarunt vertice postes,
membra senex posito iussit relevare sedili,
quo superiniecit textum rude sedula Baucis.
inque foco tepidum cinerem dimovit et ignes
suscitat hesternos foliisque et cortice sicco
nutrit et ad flammas anima producit anili
multifidasque faces ramaliaque arida tecto
detulit et minuit parvoque admovit aëno.
quodque suus coniunx riguo conlegerat horto,
truncat holus foliis. furca levat ille bicorni
sordida terga suis nigro pendentia tigno
servatoque diu resecat de tergore partem
exiguam sectamque domat ferventibus undis.
Interea medias fallunt sermonibus horas
sentirique moram prohibent. erat alveus illic
fagineus, dura clavo suspensus ab ansa:
is tepidis inpletur aquis artusque fovendos
accipit. in medio torus est de mollibus ulvis
inpositus lecto sponda pedibusque salignis.
vestibus hunc velant, quas non nisi tempore festo
sternere consuerant; sed et haec vilisque vetusque
vestis erat lecto non indignanda saligno.
Adcubuere dei. mensam succincta tremensque
ponit anus; mensae sed erat pes tertius inpar:
testa parem fecit; quae postquam subdita clivum
sustulit, aequatam mentae tersere virentes.
ponitur hic bicolor sincerae baca Minervae
conditaque in liquida corna autumnalia faece
intibaque et radix et lactis massa coacti
ovaque non acri leviter versata favilla,
omnia fictilibus. post haec caelatus eodem
sistitur argento crater fabricataque fago

Virgil Solis, Kupferstich in der Ovid-Ausgabe Frankfurt 1563. Philemon und Baucis werden in Bäume verwandelt.
Ante gradus sacros cum starent forte locique
narrarent casus, frondere Philemona Baucis
Baucida conspexit senior frondere Philemon. (Met. VIII 713–715)

pocula, qua cava sunt, flaventibus inlita ceris.
parva mora est, epulasque foci misere calentes,
nec longae rursus referuntur vina senectae
dantque locum mensis paulum seducta secundis.
hic nux, hic mixta est rugosis carica palmis
prunaque et in patulis redolentia mala canistris
et de purpureis collectae vitibus uvae;
candidus in medio favus est. super omnia vultus
accessere boni nec iners pauperque voluntas.
interea totiens haustum cratera repleri
sponte sua per seque vident succrescere vina:
attoniti novitate pavent manibusque supinis
concipiunt Baucisque preces timidusque Philemon
et veniam dapibus nullisque paratibus orant.
unicus anser erat, minimae custodia villae,
quem dis hospitibus domini mactare parabant.
ille celer penna tardos aetate fatigat
eluditque diu tandemque est visus ad ipsos
confugisse deos: superi vetuere necari
'di' que 'sumus, meritasque luet vicinia poenas
inpia' dixerunt; 'vobis inmunibus huius
esse mali dabitur. modo vestra relinquite tecta
ac nostros comitate gradus et in ardua montis
ite simul!' parent ambo baculisque levati
nituntur longo vestigia ponere clivo.

c) Die Belohnung
VIII 695–724

Tantum aberant summo, quantum semel ire sagitta
missa potest: flexere oculos et mersa palude
cetera prospiciunt, tantum sua tecta manere.
dumque ea mirantur, dum deflent fata suorum,
illa vetus, dominis etiam casa parva duobus

vertitur in templum: furcas subiere columnae,
stramina flavescunt, aurataque tecta videntur.
caelataeque fores adopertaque marmore tellus.
talia tum placido Saturnius edidit ore:
'Dicite, iuste senex et femina coniuge iusto
digna, quid optetis?' cum Baucide pauca locutus
iudicium superis aperit commune Philemon:
'Esse sacerdotes delubraque vestra tueri
poscimus; et quoniam concordes egimus annos,
auferat hora duos eadem, ne coniugis umquam
busta meae videam neu sim tumulandus ab illa!'
Vota fides sequitur: templi tutela fuere,
donec vita data est, annis aevoque soluti
ante gradus sacros cum starent forte locique
narrarent casus, frondere Philemona Baucis,
Baucida conspexit senior frondere Philemon.
iamque super geminos crescente cacumine vultus
mutua, dum licuit, reddebant dicta 'vale' que
'o coniunx' dixere simul, simul abdita texit
ora frutex. ostendit adhuc Tyneïus illic
incola de gemino vicinos corpore truncos.
Haec mihi non vani – neque erat, cur fallere vellent –
narravere senes. equidem pendentia vidi
serta super ramos ponensque recentia dixi:
'Cura deum di sint et, qui coluere, colantur!'

12. Orpheus und Eurydice

X 1–63; 72–77

Inde per inmensum croceo velatus amictu
aethera digreditur Ciconumque Hymenaeus ad oras
tendit et Orphea nequiquam voce vocatur.
adfuit ille quidem, sed nec sollemnia verba
nec laetos vultus nec felix attulit omen.

fax quoque, quam tenuit, lacrimoso stridula fumo
usque fuit nullosque invenit motibus ignes.
exitus auspicio gravior. nam nupta per herbas
dum nova Naïadum turba comitata vagatur,
occidit in talum serpentis dente recepto.
Quam satis ad superas postquam Rhodopeïus auras
deflevit vates, ne non temptaret et umbras,
ad Styga Taenaria est ausus descendere porta
perque leves populos simulacraque functa sepulcro
Persephonen adiit inamoenaque regna tenentem
umbrarum dominum pulsisque ad carmina nervis
sic ait: „O positi sub terra numina mundi,
in quem reccidimus, quidquid mortale creamur,
si licet, et falsi positis ambagibus oris
vera loqui sinitis, non huc, ut opaca viderem
Tartara, descendi, nec uti villosa colubris
terna Medusaei vincirem guttura monstri.
causa viae est coniunx, in quam calcata venenum
vipera diffudit crescentesque abstulit annos.
posse pati volui nec me temptasse negabo:
vicit Amor. supera deus hic bene notus in ora est,
an sit et hic, dubito; sed et hic tamen auguror esse,
famaque si veteris non est mentita rapinae,
vos quoque iunxit Amor. per ego haec loca plena timoris,
per chaos hoc ingens vastique silentia regni,
Eurydices, oro, properata retexite fata!
omnia debentur vobis, paulumque morati
serius aut citius sedem properamus ad unam.
tendimus huc omnes, haec est domus ultima, vosque
humani generis longissima regna tenetis.
haec quoque, cum iustos matura peregerit annos,
iuris erit vestri: pro munere poscimus usum.
quod si fata negant veniam pro coniuge, certum est
nolle redire mihi: leto gaudete duorum!“

Talia dicentem nervosque ad verba moventem
exsangues flebant animae; nec Tantalus undam
captavit refugam stupuitque Ixionis orbis,
nec carpsere iecur volucres, urnisque vacarunt
Belides, inque tuo sedisti, Sisyphe, saxo.
tunc primum lacrimis victarum carmine fama est
Eumenidum maduisse genas. nec regia coniunx
sustinet oranti nec, qui regit ima, negare
Eurydicenque vocant. umbras erat illa recentes
inter et incessit passu de vulnere tardo.
hanc simul et legem Rhodopeïus accipit Orpheus,
ne flectat retro sua lumina, donec Avernas
exierit valles; aut irrita dona futura.

Carpitur acclivis per muta silentia trames,
arduus, obscurus, caligine densus opaca.
nec procul afuerunt telluris margine summae.
hic, ne deficeret, metuens avidusque videndi
flexit amans oculos: et protinus illa relapsa est;
bracchiaque intendens prendique et prendere certans
nil nisi cedentes infelix adripit auras.
iamque iterum moriens non est de coniuge quicquam
questa suo – quid enim nisi se quereretur amatam? –
supremumque „vale“, quod iam vix auribus ille
acciperet, dixit revolutaque rursus eodem est.

Orantem frustraque iterum transire volentem
portitor arcuerat; septem tamen ille diebus
squalidus in ripa Cereris sine munere sedit:
cura dolorque animi lacrimaeque alimenta fuere.
esse deos Erebi crudeles questus in altam
se recipit Rhodopen pulsumque aquilonibus Haemum.

Orpheus und Eurydice, Marmorrelief, Arch. Nationalmuseum Neapel, römische Kopie eines griechischen Originals aus der Zeit um 420 v. Chr. Eurydice steht in der Mitte des Bildes, ihrem Gatten Orpheus zugeneigt, den sie an der Schulter fasst. In Trauer neigt dieser sein Haupt Eurydice zu. Er hat ihren linken Arm ergriffen. An der linken Seite hält der Gott Merkur, der Begleiter der Toten in die Unterwelt, bereits Eurydices Hand, um sie in das Reich des Todes zurückzuführen.

13. Midas
XI 85–145

Nec satis hoc Baccho est: ipsos quoque deserit agros
cumque choro meliore sui vineta Timoli
Pactolonque petit, quamvis non aureus illo
tempore nec caris erat invidiosus harenis.
hunc assueta cohors, Satyri Bacchaeque, frequentant:
at Silenus abest. titubantem annisque meroque
ruricolae cepere Phryges vinctumque coronis
ad regem duxere Midan, cui Thracius Orpheus
orgia tradiderat cum Cecropio Eumolpo.
qui simul agnovit socium comitemque sacrorum,
hospitis adventu festum genialiter egit
per bis quinque dies et iunctas ordine noctes.
et iam stellarum sublime coegerat agmen
Lucifer undecimus, Lydos cum laetus in agros
rex venit et iuveni Silenum reddit alumno.
huic deus optandi gratum, sed inutile fecit
muneris arbitrium gaudens altore recepto,
ille male usurus donis ait: „Effice, quidquid
corpore contigero, fulvum vertatur in aurum!"
adnuit optatis nocituraque munera solvit
Liber et indoluit, quod non meliora petisset.
Laetus abit gaudetque malo Berecyntius heros
pollicitique fidem tangendo singula temptat.
vixque sibi credens non alta fronde virentem
ilice detraxit virgam: virga aurea facta est.
tollit humo saxum: saxum quoque palluit auro.
contigit et glaebam: contactu glaeba potenti
massa fit; arentes Cereris decerpsit aristas:
aurea messis erat; demptum tenet arbore pomum:
Hesperidas donasse putes; si postibus altis
admovit digitos, postes radiare videntur.
ille etiam liquidis palmas ubi laverat undis,

unda fluens palmis Danaen eludere posset.
vix spes ipse suas animo capit aurea fingens
omnia. gaudenti mensas posuere ministri
exstructas dapibus nec tostae frugis egentes.
tum vero, sive ille sua Cerealia dextra
munera contigerat, Cerealia dona rigebant;
sive dapes avido convellere dente parabat,
lammina fulva dapes admoto dente premebat;
miscuerat puris auctorem muneris undis:
fusile per rictus aurum fluitare videres.
attonitus novitate mali divesque miserque
effugere optat opes et, quae modo voverat, odit.
copia nulla famem relevat; sitis arida guttur
urit, et inviso meritus torquetur ab auro
ad caelumque manus et splendida bracchia tollens
„da veniam, Lenaee pater! peccavimus“, inquit
„sed miserere, precor, speciosoque eripe damno!“
mite deum numen: Bacchus peccasse fatentem
restituit pactique fide data munera solvit.
„neve male optato maneas circumlitus auro,
vade“ ait „ad magnis vicinum Sardibus amnem
perque iugum ripae labentibus obvius undis
carpe viam, donec venias ad fluminis ortus;
spumigeroque tuum fonti, qua plurimus exit,
subde caput corpusque simul, simul elue crimen!“
rex iussae succedit aquae. vis aurea tinxit
flumen et humano de corpore cessit in amnem.
nunc quoque iam veteris percepto semine venae
arva rigent auro madidis pallentia glaebis.

14. Vergöttlichung des Aeneas
XIV 581–608

Iamque deos omnes ipsamque Aeneia virtus
Iunonem veteres finire coegerat iras,
cum bene fundatis opibus crescentis Iuli
tempestivus erat caelo Cythereius heros;
ambieratque Venus superos colloque parentis
circumfusa sui „numquam mihi“ dixerat „ullo
tempore dure pater, nunc sis mitissimus, opto,
Aeneaeque meo, qui te de sanguine nostro
fecit avum, quamvis parvum des, optime, numen,
dummodo des aliquod. satis est inamabile regnum
adspexisse semel, Stygios semel isse per amnes.“
adsensere dei, nec coniunx regia vultus
inmotos tenuit placatoque adnuit ore.
tum pater „estis“ ait „caelesti munere digni,
quaeque petis, pro quoque petis: cape, nata, quod optas.“
Fatus erat. gaudet gratesque agit illa parenti
perque leves auras iunctis invecta columbis
litus adit Laurens, ubi tectus harundine serpit
in freta flumineis vicina Numicius undis.
hunc iubet Aeneae, quaecumque obnoxia morti,
abluere et tacito deferre sub aequora cursu.
corniger exsequitur Veneris mandata suisque,
quidquid in Aenea fuerat mortale, repurgat
et respersit aquis: pars optima restitit illi.
lustratum genetrix divino corpus odore
unxit et ambrosia cum dulci nectare mixta
contigit os fecitque deum; quem turba Quirini
nuncupat Indigetem temploque arisque recepit.

15. Prophezeiung der Größe Roms
XV 418–449

Desinet ante dies, et in alto Phoebus anhelos
aequore tinguet equos, quam consequar omnia verbis
in species translata novas. sic tempora verti
cernimus atque illas adsumere robora gentes,
concidere has; sic magna fuit censuque virisque,
perque decem potuit tantum dare sanguinis annos,
nunc humilis veteres tantummodo Troia ruinas
et pro divitiis tumulos ostendit avorum.
clara fuit Sparte, magnae viguere Mycenae,
nec non et Cecropis, nec non Amphionis arces:
vile solum Sparte est, altae cecidere Mycenae;
Oedipodioniae quid sunt, nisi nomina, Thebae?
quid Pandioniae restant, nisi nomen, Athenae?
Nunc quoque Dardaniam fama est consurgere Romam,
Appenninigenae quae proxima Thybridis undis
mole sub ingenti rerum fundamina ponit.
haec igitur formam crescendo mutat et olim
inmensi caput orbis erit. sic dicere vates
faticinasque ferunt sortes; quantumque recordor,
dixerat Aeneae, cum res Troiana labaret,
Priamides Helenus flenti dubioque salutis:
„nate dea, si nota satis praesagia nostrae
mentis habes, non tota cadet te sospite Troia:
flamma tibi ferrumque dabunt iter; ibis et una
Pergama rapta feres, donec Troiaeque tibique
externum patrio contingat amicius arvum.
urbem etiam cerno Phrygios debere nepotes,
quanta nec est nec erit nec visa prioribus annis.
hanc alii proceres per saecula longa potentem,
sed dominam rerum, de sanguine natus Iuli
efficiet; quo cum tellus erit usa, fruentur
aetheriae sedes, caelumque erit exitus illi.“

16. Epilog
XV 871–879

Iamque opus exegi, quod nec Iovis ira nec ignis
nec poterit ferrum nec edax abolere vetustas.
cum volet, illa dies, quae nil nisi corporis huius
ius habet, incerti spatium mihi finiat aevi:
parte tamen meliore mei super alta perennis
astra ferar, nomenque erit indelebile nostrum,
quaque patet domitis Romana potentia terris,
ore legar populi, perque omnia saecula fama,
si quid habent veri vatum praesagia, vivam!

Fasten

1. Widmung an Caesar Germanicus

I 1–26

Tempora cum causis Latium digesta per annum
lapsaque sub terras ortaque signa canam.
excipe pacato, Caesar Germanice, vultu
hoc opus et timidae dirige navis iter,
officioque, levem non aversatus honorem,
en tibi devoto numine dexter ades!
sacra recognosces annalibus eruta priscis,
et quo sit merito quaeque notata dies.
invenies illic et festa domestica vobis:
saepe tibi pater est, saepe legendus avus.
quaeque ferunt illi pictos signantia fastos,
tu quoque cum Druso praemia fratre feres.
Caesaris arma canant alii: nos Caesaris aras,
et quoscumque sacris addidit ille dies.
adnue conanti per laudes ire tuorum
deque meo pavidos excute corde metus!
da mihi te placidum: dederis in carmina vires.
ingenium vultu statque caditque tuo.
pagina iudicium docti subitura movetur
principis, ut Clario missa legenda deo.
quae sit enim culti facundia sensimus oris,
civica pro trepidis cum tulit arma reis.
scimus et, ad nostras cum te tulit impetus artes,
ingenii currant flumina quanta tui.
si licet et fas est, vates rege vatis habenas,
auspicio felix totus ut annus eat.

2. Jahresbeginn am Janusfest

Kalendae Ianuariae

I 63–88

Ecce tibi faustum, Germanice, nuntiat annum
inque meo primum carmine Ianus adest.

Iane biceps, anni tacite labentis origo,
solus de superis qui tua terga vides,
dexter ades ducibus, quorum secura labore
otia terra ferax, otia pontus habet!
dexter ades patribusque tuis populoque Qurini,
et resera nutu candida templa tuo!
prospera lux oritur. linguis animisque favete!
nunc dicenda bona sunt bona verba die.
lite vacent aures, insanaque protinus absint
iurgia! differ opus, livida turba, tuum!
cernis, odoratis ut luceat ignibus aether,
et sonet accensis spica Cilissa focis?
flamma nitore suo templorum verberat aurum
et tremulum summa spargit in aede iubar.
vestibus intactis Tarpeias itur in arces,
et populus festo concolor ipse suo est.
iamque novi praeeunt fasces, nova purpura fulget,
et nova conspicuum pondera sentit ebur.
colla rudes operum praebent ferienda iuvenci,
quos aluit campis herba Falisca suis.
Iuppiter arce sua totum cum spectat in orbem,
nil nisi Romanum, quod tueatur, habet.
salve, laeta dies, meliorque revertere semper,
a populo rerum digna potente coli!

3. Römer im Wandel der Zeiten

I 193–218

Vix ego Saturno quemquam regnante videbam,
cuius non animo dulcia lucra forent.
tempore crevit amor, qui nunc est summus, habendi.
vix ultra, quo iam progrediatur, habet.
pluris opes nunc sunt, quam prisci temporis annis,
dum populus pauper, dum nova Roma fuit,

dum casa Martigenam capiebat parva Quirinum
et dabat exiguum fluminis ulva torum.
Iuppiter angusta vix totus stabat in aede,
inque Iovis dextra fictile fulmen erat.
frondibus ornabant, quae nunc Capitolia gemmis,
pascebatque suas ipse senator oves:
nec pudor in stipula placidam cepisse quietem
et faenum capiti supposuissse fuit.
iura dabat populis posito modo praetor aratro,
et levis argenti lammina crimen erat.
at postquam fortuna loci caput extulit huius,
et tetigit summo vertice Roma deos,
creverunt et opes et opum furiosa cupido,
et, cum possideant plurima, plura petunt.
quaerere, ut absumant, absumpta requirere certant,
atque ipsae vitiis sunt alimenta vices.
sic quibus intumuit suffusa venter ab unda,
quo plus sunt potae, plus sitiuntur aquae.
in pretio pretium nunc est: dat census honores,
census amicitias; pauper ubique iacet.

4. Fest der Pax

30. Januar
I 709–722

Ipsum nos carmen deduxit Pacis ad aram.
haec erit a mensis fine secunda dies.
frondibus Actiacis comptos redimita capillos,
Pax, ades et toto mitis in orbe mane!
dum desint hostes, desit quoque causa triumphi:
tu ducibus bello gloria maior eris.
sola gerat miles, quibus arma coerceat, arma,
canteturque fera nil nisi pompa tuba.
horreat Aeneades et primus et ultimus orbis:

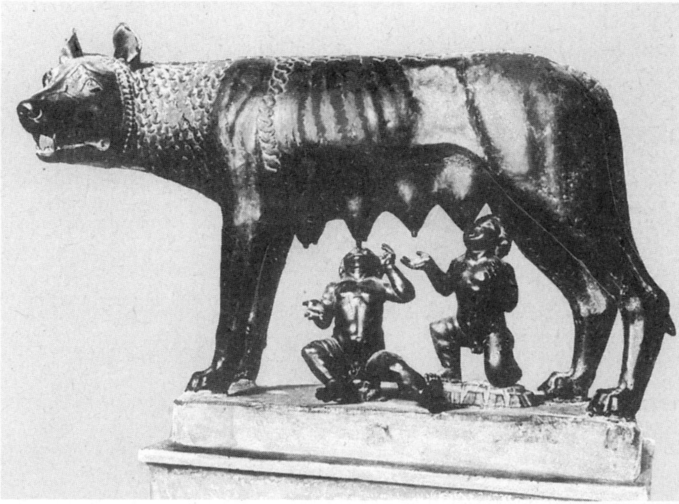

Kapitolinische Wölfin, Rom, Konservatorenpalast. Bronzeplastik aus der Zeit um 470 v. Chr.
Die Statue hatte in der Antike ihren Platz vor dem Iuppiter-Tempel. Die beiden Zwillinge sind Zutaten der Renaissance. Noch heute ist diese Wölfin das Wahrzeichen der Stadt Rom.

si qua parum Romam terra timebat, amet!
tura, sacerdotes, pacalibus addite flammis,
albaque perfusa victima fronte cadat.
utque domus, quae praestat eam, cum pace perennet,
ad pia propensos vota rogate deos!

5. Rettung des Romulus und Remus

Lupercalia

II 383–422

Silvia Vestalis caelestia semina partu
ediderat patruo regna tenente suo.
is iubet auferri parvos et in amne necari.
quid facis? Ex istis Romulus alter erit!
iussa recusantes peragunt lacrimosa ministri,
flent tamen et geminos in loca iussa ferunt.
Albula, quem Tiberim mersus Tiberinus in undis
reddidit, hibernis forte tumebat aquis:
hic, ubi nunc fora sunt, lintres errare videres,
quaque iacent valles, Maxime Circe, tuae.
huc ubi venerunt – neque enim procedere possunt
longius –, ex illis unus et alter ait:
„at quam sunt similes! at quam formosus uterque!
plus tamen ex illis iste vigoris habet.
si genus arguitur vultu, nisi fallit imago,
nescioquem in vobis suspicor esse deum.
at siquis vestrae deus esset orginis auctor,
in tam praecipiti tempore ferret opem:
ferret opem certe, si non ope, mater, egeret,
quae facta est uno mater et orba die.
nata simul, moritura simul, simul ite sub undas
corpora!“ desierat, deposuitque sinu.
vagierunt ambo pariter: sensisse putares.
hi redeunt udis in sua tecta genis,

sustinet inpositos summa cavus alveus unda.
heu quantum fati parva tabella tulit!
alveus in limo silvis adpulsus opacis
paulatim fluvio deficiente sedet.
arbor erat: remanent vestigia, quaeque vocatur
Rumina nunc ficus, Romula ficus erat.
venit ad expositos - mirum! - lupa feta gemellos:
quis credat pueris non nocuisse feram?
non nocuisse parum est, prodest quoque; quos lupa nutrit,
perdere cognatae sustinuere manus.
constitit et cauda teneris blanditur alumnis,
et fingit lingua corpora bina sua.
Marte satos scires: timor abfuit. ubera ducunt
nec sibi promissi lactis aluntur ope.
illa loco nomen fecit, locus ipse Lupercis.
magna dati nutrix praemia lactis habet.

6. Vergöttlichung des Romulus

Quirinalia

II 491–512

Est locus, antiqui Capreae dixere paludem:
forte tuis illic, Romule, iura dabas.
sol fugit, et removent subeuntia nubila caelum,
et gravis effusis decidit imber aquis.
hinc tonat, hinc missis abrumpitur ignibus aether:
fit fuga, rex patriis astra petebat equis.
luctus erat, falsaeque patres in crimine caedis,
haesissetque animis forsitan illa fides;
sed Proculus Longa veniebat Iulius Alba,
lunaque fulgebat, nec facis usus erat,
cum subito motu saepes tremuere sinistrae
- rettulit ille gradus, horrueruntque comae -:
pulcher et humano maior trabeaque decorus

Romulus in media visus adesse via
et dixisse simul „prohibe lugere Quirites,
nec violent lacrimis numina nostra suis!
tura ferant placentque novum pia turba Quirinum
et patrias artes militiamque colant!"
iussit et in tenues oculis evanuit auras.
convocat hic populos iussaque verba refert.
templa deo fiunt, collis quoque dictus ab illo est,
et referunt certi sacra paterna dies.

7. Römer und Sabiner

Matronalia

III 179–228

Parva fuit, si prima velis elementa referre,
Roma, sed in parva spes tamen huius erat.
moenia iam stabant, populis angusta futuris,
credita sed turbae tunc nimis ampla suae;
quae fuerit nostri, si quaeris, regia nati,
adspice de canna straminibusque domum.
in stipula placidi capiebat munera somni;
et tamen ex illo venit in astra toro.
iamque loco maius nomen Romanus habebat;
nec coniunx illi, nec socer ullus erat,
spernebant generos inopes vicinia dives,
et male credebar sanguinis auctor ego.
in stabulis habitasse et oves pavisse nocebat
iugeraque inculti pauca tenere soli.
cum pare quaeque suo coeunt volucresque feraeque,
atque aliquam, de qua procreet, anguis habet;
extremis dantur conubia gentibus: at quae
Romano vellet nubere, nulla fuit.
indolui patriamque dedi tibi, Romule, mentem.
„Tolle preces", dixi „quod petis, arma dabunt.

festa para Conso –“ Consus tibi cetera dicet
illo facta die, dum sua sacra canet.
intumuere Cures et quos dolor attigit idem.
tum primum generis intulit arma socer.
iamque fere raptae matrum quoque nomen habebant,
tractaque erant longa bella propinqua mora:
conveniunt nuptae dictam Iunonis in aedem,
quas inter mea sic est nurus orsa loqui:
„o pariter raptae (quoniam hoc commune tenemus),
non ultra lente possumus esse piae.
stant acies. sed utra di sint pro parte rogandi,
eligite! hinc coniunx, hinc pater arma tenet.
quaerendum est, viduae fieri malimus an orbae.
consilium vobis forte piumque dabo“.
consilium dederat. parent crinesque resolvunt
maestaque funerea corpora veste tegunt.
iam stabant acies ferro mortique paratae,
iam lituus pugnae signa daturus erat,
cum raptae veniunt inter patresque virosque,
inque sinu natos, pignora cara, tenent.
ut medium campi passis tetigere capillis,
in terram posito procubuere genu,
et, quasi sentirent, blando clamore nepotes
tendebant ad avos bracchia parva suos.
qui poterat, clamabat avum tunc denique visum,
et, qui vix poterat, posse coactus erat.
tela viris animique cadunt, gladiisque remotis
dant soceri generis accipiuntque manus
laudatasque tenent natas, scutoque nepotem
fert avus: hic scuti dulcior usus erat.

8. Die Gründung Roms

Palilia

IV 809–858

Iam luerat poenas frater Numitoris, et omne
pastorum gemino sub duce vulgus erat.
contrahere agrestes et moenia ponere utrique
convenit. ambigitur, moenia ponat uter.
„nil opus est“ dixit „certamine“ Romulus „ullo:
magna fides avium est, experiamur aves!“
res placet: alter init nemorosi saxa Palati:
alter Aventinum mane cacumen init.
sex Remus, hic volucres bis sex videt ordine; pacto
statur, et arbitrium Romulus urbis habet.
apta dies legitur, qua moenia signet aratro.
sacra Palis suberant: inde movetur opus.
fossa fit ad solidum, fruges iaciuntur in ima
et de vicino terra petita solo.
fossa repletur humo, plenaeque imponitur ara,
et novus accenso fungitur igne focus.
inde premens stivam designat moenia sulco;
alba iugum niveo cum bove vacca tulit.
vox fuit haec regis: „Condenti, Iuppiter, urbem
et genitor Mavors Vestaque mater, ades,
quosque pium est adhibere deos, advertite cuncti!
auspicibus vobis hoc mihi surgat opus!
longa sit huic aetas dominaeque potentia terrae,
sitque sub hac oriens occiduusque dies.“
ille precabatur, tonitru dedit omina laevo
Iuppiter et laevo fulmina missa polo.
augurio laeti iaciunt fundamina cives,
et novus exiguo tempore murus erat.
hoc Celer urget opus, quem Romulus ipse vocarat,
„sint“ que, „Celer, curae“ dixerat „ista tuae.
neve quis aut muros aut factam vomere fossam

transeat! audentem talia dede neci."
quod Remus ignorans humiles contemnere muros
coepit et „his populus" dicere „tutus erit?"
nec mora, transiluit. rutro Celer occupat ausum;
ille premit duram sanguinulentus humum.
haec ubi rex didicit, lacrimas introrsus obortas
devorat et clausum pectore vulnus habet.
flere palam non vult exemplaque fortia servat
„sic" que „meos muros transeat hostis" ait.
dat tamen exsequias nec iam suspendere fletum
sustinet, et pietas dissimulata patet,
osculaque adplicuit posito suprema feretro
atque ait „invito frater adempte, vale!"
arsurosque artus unxit. fecere, quod ille,
Faustulus et maestas Acca soluta comas.
tum iuvenem nondum facti flevere Quirites.
ultima plorato subdita flamma rogo est.
urbs oritur – quis tunc hoc ulli credere posset? –
victorem terris impositura pedem.

Tristien

1. Abschied von Rom

I 3

Cum subit illius tristissima noctis imago,
qua mihi supremum tempus in urbe fuit,
cum repeto noctem, qua tot mihi cara reliqui,
labitur ex oculis nunc quoque gutta meis.
iam prope lux aderat, qua me discedere Caesar
finibus extremae iusserat Ausoniae.
nec spatium nec mens fuerat satis apta parandi:
torpuerant longa pectora nostra mora.
non mihi servorum, comitis non cura legendi,
non aptae profugo vestis opisve fuit.
non aliter stupui, quam qui Iovis ignibus ictus
vivit et est vitae nescius ipse suae.
ut tamen hanc animi nubem dolor ipse removit,
et tandem sensus convaluere mei,
adloquor extremum maestos abiturus amicos,
qui modo de multis unus et alter erant.
uxor amans flentem flens acrius ipsa tenebat,
imbre per indignas usque cadente genas.
nata procul Libycis aberat diversa sub oris,
nec poterat fati certior esse mei.
quocumque aspiceres, luctus gemitusque sonabant,
formaque non taciti funeris intus erat.
femina virque meo, pueri quoque funere maerent:
inque domo lacrimas angulus omnis habet.
si licet exemplis in parvo grandibus uti:
haec facies Troiae, cum caperetur, erat.
iamque quiescebant voces hominumque canumque,
Lunaque nocturnos alta regebat equos.
hanc ego suspiciens et ab hac Capitolia cernens,
quae nostro frustra iuncta fuere Lari,

„numina vicinis habitantia sedibus“ inquam
„iamque oculis numquam templa videnda meis,
dique relinquendi, quos urbs tenet alta Quirini,
este salutati tempus in omne mihi!
et quamquam sero clipeum post vulnera sumo,
attamen hanc odiis exonerate fugam,
caelestique viro, quis me deceperit error,
dicite, pro culpa ne scelus esse putet,
ut, quod vos scitis, poenae quoque sentiat auctor:
placato possum non miser esse deo.“
hac prece adoravi superos ego, pluribus uxor,
singultu medios inpediente sonos.
illa etiam ante Lares passis adstrata capillis
contigit extinctos ore tremente focos
multaque in adversos effudit verba Penates
pro deplorato non valitura viro.
iamque morae spatium nox praecipitata negabat,
versaque ab axe suo Parrhasis Arctos erat:
quid facerem? blando patriae retinebar amore;
ultima sed iussae nox erat illa fugae.
a! quotiens aliquo dixi properante „quid urges?
vel quo festinas ire vel unde, vide!“
a! quotiens certam me sum mentitus habere
horam, propositae quae foret apta viae.
ter limen tetigi, ter sum revocatus, et ipse
indulgens animo pes mihi tardus erat.
saepe ‚vale‘ dicto rursus sum multa locutus
et quasi discedens oscula summa dedi.
saepe eadem mandata dedi meque ipse fefelli
respiciens oculis pignora cara meis.
denique „quid propero? Scythia est, quo mittimur“, inquam
„Roma relinquenda est: utraque iusta mora est.
uxor in aeternum vivo mihi viva negatur
et domus et fidae dulcia membra domus,
quosque ego dilexi fraterno more sodales,

o mihi Thesea pectora iuncta fide!
dum licet, amplectar; numquam fortasse licebit
amplius. in lucro est, quae datur, hora mihi."
nec mora, sermonis verba imperfecta relinquo,
complectens animo proxima quaeque meo.
dum loquor et flemus, caelo nitidissimus alto,
stella gravis nobis, Lucifer ortus erat.
dividor haud aliter, quam si mea membra relinquam,
et pars abrumpi corpore visa suo est.
sic doluit Mettus tunc, cum in contraria versos
ultores habuit proditionis equos.
tum vero exoritur clamor gemitusque meorum,
et feriunt maestae pectora nuda manus.
tum vero coniunx umeris abeuntis inhaerens
miscuit haec lacrimis tristia verba meis:
„non potes avelli. Simul hinc, simul ibimus" inquit,
„te sequar et coniunx exulis exul ero.
et mihi facta via est, et me capit ultima tellus:
accedam profugae sarcina parva rati.
te iubet e patria discedere Caesaris ira,
me pietas. pietas haec mihi Caesar erit."
talia temptabat, sicut temptaverat ante,
vixque dedit victas utilitate manus.
egredior, sive illud erat sine funere ferri,
squalidus inmissis hirta per ora comis.
illa dolore amens tenebris narratur obortis
semianimis media procubuisse domo,
utque resurrexit foedatis pulvere turpi
crinibus et gelida membra levavit humo,
se modo, desertos modo complorasse Penates,
nomen et erepti saepe vocasse viri
nec gemuisse minus, quam si nataeque virique
vidisset structos corpus habere rogos,
et voluisse mori, moriendo ponere sensus,
respectuque tamen non potuisse mei.

vivat! et, absentem – quoniam sic fata tulerunt –
  vivat, ut auxilio sublevet usque suo.

2. Über die Metamorphosen
I 7

Siquis habes nostris similes in imagine vultus,
  deme meis hederas, Bacchia serta, comis.
ista decent laetos felicia signa poëtas:
  temporibus non est apta corona meis.
hoc tibi dissimula, senti tamen, optime, dici,
  in digito qui me fersque refersque tuo,
effigiemque meam fulvo complexus in auro
  cara relegati, quae potes, ora vides.
quae quotiens spectas, subeat tibi dicere forsan:
  „Quam procul a nobis Naso sodalis abest!"
grata tua est pietas: sed carmina maior imago
  sunt mea, quae mando qualiacumque legas,
carmina mutatas hominum dicentia formas,
  infelix domini quod fuga rupit opus.
haec ego discedens, sicut bene multa meorum,
  ipse mea posui maestus in igne manu.
utque cremasse suum fertur sub stipite natum
  Thestias et melior matre fuisse soror,
sic ego non meritos mecum peritura libellos
  imposui rapidis viscera nostra rogis:
vel quod eram Musas, ut crimina nostra, perosus,
  vel quod adhuc crescens et rude carmen erat.
quae quoniam non sunt penitus sublata, sed extant, –
  pluribus exemplis scripta fuisse reor –
nunc precor, ut vivant et non ignava legentem
  otia delectent admoneantque mei.
nec tamen illa legi poterunt patienter ab ullo,
  nesciet his summam siquis abesse manum.

ablatum mediis opus est incudibus illud,
defuit et scriptis ultima lima meis.
et veniam pro laude peto; laudatus abunde,
non fastiditus si tibi, lector, ero.
hos quoque sex versus, in prima fronte libelli
si praeponendos esse putabis, habe:
„Orba parente suo quicumque volumina tangis,
his saltem vestra detur in urbe locus!
quoque magis faveas, haec non sunt edita ab ipso,
sed quasi de domini funere rapta sui.
quidquid in his igitur vitii rude carmen habebit,
emendaturus, si licuisset, eram.“

3. Des Dichters Testament
III 3

Haec mea, si casu miraris, epistula quare
alterius digitis scripta sit, aeger eram:
aeger in extremis ignoti partibus orbis
incertusque meae paene salutis eram.
quem mihi nunc animum dira regione iacenti
inter Sauromatas esse Getasque putes?
nec caelum patior, nec aquis assuevimus istis,
terraque nescio quo non placet ipsa modo.
non domus apta satis, non hic cibus utilis aegro,
nullus, Apollinea qui levet arte malum,
non qui soletur, non qui labentia tarde
tempora narrando fallat, amicus adest.
lassus in extremis iaceo populisque locisque,
et subit adfecto nunc mihi, quidquid abest.
omnia cum subeant, vincis tamen omnia, coniunx,
et plus in nostro pectore parte tenes:
te loquor absentem, te vox mea nominat unam;
nulla venit sine te nox mihi, nulla dies;

quin etiam sic me dicunt aliena locutum,
ut foret amenti nomen in ore tuum.
si iam deficiam, suppressaque lingua palato
vix instillato restituenda mero,
nuntiet huc aliquis dominam venisse, resurgam,
spesque tui nobis causa vigoris erit.
ergo ego sum dubius vitae, tu forsitan istic
iucundum nostri nescia tempus agis?
non agis, adfirmo; liquet hoc, carissima, nobis
tempus agi sine me non nisi triste tibi.
si tamen inplevit mea sors, quos debuit, annos,
et mihi vivendi tam cito finis adest,
quantum erat, o magni, morituro parcere, divi,
ut saltem patria contumularer humo?
vel poena in tempus mortis dilata fuisset,
vel praecepisset mors properata fugam.
integer hanc potui nuper bene reddere lucem:
exul ut occiderem, nunc mihi vita data est.
tam procul ignotis igitur moriemur in oris,
et fient ipso tristia fata loco;
nec mea consueto languescent corpora lecto,
depositum nec, me qui fleat, ullus erit.
nec dominae lacrimis in nostra cadentibus ora
accedent animae tempora parva meae;
nec mandata dabo, nec cum clamore supremo
labentes oculos condet amica manus,
sed sine funeribus caput hoc, sine honore sepulcri
indeploratum barbara terra teget.
ecquid, ubi audieris, tota turbabere mente
et feries pavida pectora fida manu?
ecquid, in has frustra tendens tua bracchia partes,
clamabis miseri nomen inane viri?
parce tamen lacerare genas nec scinde capillos:
non tibi nunc primum, lux mea, raptus ero.
cum patriam amisi, tunc me periisse putato:

et prior et gravior mors fuit illa mihi.
nunc, si forte potes, – sed non potes, optima coniunx –
finitis gaude tot mihi morte malis!
quod potes, extenua forti mala corde ferendo,
ad quae iam pridem non rude pectus habes.
atque utinam pereant animae cum corpore nostrae
effugiatque avidos pars mihi nulla rogos!
nam si morte carens vacua volat altus in aura
spiritus et Samii sunt rata dicta senis,
inter Sarmaticas Romana vagabitur umbras
perque feros manes hospita semper erit;
ossa tamen facito parva referantur in urna:
sic ego non etiam mortuus exul ero.
non vetat hoc quisquam: fratrem Thebana peremptum
supposuit tumulo rege vetante soror.
atque ea cum foliis et amomi pulvere misce
inque suburbano condita pone solo.
quosque legat versus oculo properante viator,
grandibus in tituli marmore caede notis:
HIC · EGO · QUI · IACEO · TENERORUM · LUSOR · AMORUM
INGENIO · PERII · NASO · POETA · MEO
AT · TIBI · QUI · TRANSIS · NE · SIT · GRAVE · QUISQUIS · AMASTI
DICERE · NASONIS · MOLLITER · OSSA · CUBENT
hoc satis in titulo est. etenim maiora libelli
et diuturna magis sunt monimenta mihi,
quos ego confido, quamvis nocuere, daturos
nomen et auctori tempora longa suo.
tu tamen extincto feralia munera semper
deque tuis lacrimis umida serta dato.
quamvis in cineres corpus mutaverit ignis,
sentiet officium maesta favilla pium.
scribere plura libet, sed vox mihi fessa loquendo
dictandi vires siccaque lingua negat;
accipe supremo dictum mihi forsitan ore,
quod, tibi qui mittit, non habet ipse, „vale“!

4. Der Dichter über sein Leben
IV 10

Ille ego qui fuerim, tenerorum lusor amorum,
quem legis, ut noris, accipe, posteritas!
Sulmo mihi patria est, gelidis uberrimus undis,
milia qui novies distat ab urbe decem.
editus hic ego sum, nec non, ut tempora noris,
cum cecidit fato consul uterque pari.
si quid id est, usque a proavis vetus ordinis heres,
non modo fortunae munere factus eques.
nec stirps prima fui. genito sum fratre creatus,
qui tribus ante quater mensibus ortus erat.
Lucifer amborum natalibus affuit idem:
una celebrata est per duo liba dies.
haec est armiferae festis de quinque Minervae,
quae fieri pugna prima cruenta solet.
protinus excolimur teneri curaque parentis
imus ad insignes urbis ab arte viros.
frater ad eloquium viridi tendebat ab aevo,
fortia verbosi natus ad arma fori;
at mihi iam puero caelestia sacra placebant,
inque suum furtim Musa trahebat opus.
saepe pater dixit: „Studium quid inutile temptas?
Maeonides nullas ipse reliquit opes."
motus eram dictis totoque Helicone relicto
scribere temptabam verba soluta modis.
sponte sua carmen numeros veniebat ad aptos,
et, quod temptabam scribere, versus erat.
interea tacito passu labentibus annis
liberior fratri sumpta mihique toga est,
induiturque umeris cum lato purpura clavo,
et studium nobis, quod fuit ante, manet.
iamque decem vitae frater geminaverat annos,
cum perit, et coepi parte carere mei.

cepimus et tenerae primos aetatis honores,
eque viris quondam pars tribus una fui.
curia restabat, clavi mensura coacta est:
maius erat nostris viribus illud onus.
nec patiens corpus, nec mens fuit apta labori,
sollicitaeque fugax ambitionis eram,
et petere Aoniae suadebant tuta sorores
otia, iudicio semper amata meo.
temporis illius colui fovique poëtas,
quotque aderant vates, rebar adesse deos.
saepe suas volucres legit mihi grandior aevo,
quaeque necet serpens, quae iuvet herba, Macer.
saepe suos solitus recitare Propertius ignes,
iure sodalicii, quo mihi iunctus erat.
Ponticus heroo, Bassus quoque clarus iambis
dulcia convictus membra fuere mei.
et tenuit nostras numerosus Horatius aures,
dum ferit Ausonia carmina culta lyra.
Vergilium vidi tantum: nec avara Tibullo
tempus amicitiae fata dedere meae.
successor fuit hic tibi, Galle, Propertius illi,
quartus ab his serie temporis ipse fui.
utque ego maiores, sic me coluere minores,
notaque non tarde facta Thalia mea est.
carmina cum primum populo iuvenalia legi,
barba resecta mihi bisve semelve fuit.
moverat ingenium totam cantata per urbem
nomine non vero dicta Corinna mihi.
multa quidem scripsi; sed quae vitiosa putavi,
emendaturis ignibus ipse dedi;
tunc quoque, cum fugerem, quaedam placitura cremavi,
iratus studio carminibusque meis.
molle Cupidineis nec inexpugnabile telis
cor mihi, quodque levis causa moveret, erat.
cum tamen hic essem minimoque accenderer igni,

nomine sub nostro fabula nulla fuit.
paene mihi puero nec digna nec utilis uxor
est data, quae tempus per breve nupta fuit;
illi successit, quamvis sine crimine coniunx,
non tamen in nostro firma futura toro.
ultima, quae mecum seros permansit in annos,
sustinuit coniunx exulis esse viri.
filia me mea bis prima fecunda iuventa,
sed non ex uno coniuge, fecit avum.
et iam complerat genitor sua fata novemque
addiderat lustris altera lustra novem.
non aliter flevi, quam me fleturus ademptum
ille fuit; matri proxima iusta tuli.
felices ambo tempestiveque sepulti,
ante diem poenae quod periere meae!
me quoque felicem, quod non viventibus illis
sum miser, et de me quod doluere nihil!
si tamen extinctis aliquid nisi nomina restat,
et gracilis structos effugit umbra rogos:
fama, parentales, si vos mea contigit, umbrae,
et sunt in Stygio crimina nostra foro,
scite, precor, causam - nec vos mihi fallere fas est -
errorem iussae, non scelus, esse fugae.
manibus hoc satis est. ad vos, studiosa, revertor,
pectora, qui vitae quaeritis acta meae.
iam mihi canities pulsis melioribus annis
venerat, antiquas miscueratque comas,
postque meos ortus Pisaea vinctus oliva
abstulerat deciens praemia victor equus,
cum maris Euxini positos ad laeva Tomitas
quaerere me laesi principis ira iubet.
causa meae cunctis nimium quoque nota ruinae
indicio non est testificanda meo.
quid referam comitumque nefas famulosque nocentes?
ipsa multa tuli non leviora fuga.

indignata malis mens est succumbere seque
praestitit invictam viribus usa suis.
oblitusque mei ductaeque per otia vitae,
insolita cepi temporis arma manu.
totque tuli terra casus pelagoque, quot inter
occultum stellae conspicuumque polum.
tacta mihi tandem longis erroribus acto
iuncta pharetratis Sarmatis ora Getis.
hic ego finitimis quamvis circumsoner armis,
tristia, quo possum, carmine fata levo.
quod quamvis nemo est, cuius referatur ad aures,
sic tamen absumo decipioque diem.
ergo, quod vivo, durisque laboribus obsto,
nec me sollicitae taedia lucis habent,
gratia, Musa, tibi: nam tu solacia praebes,
tu curae requies, tu medicina venis.
tu dux et comes es, tu nos abducis ab Histro,
in medioque mihi das Helicone locum;
tu mihi, quod rarum est, vivo sublime dedisti
nomen, ab exequiis quod dare fama solet.
nec, qui detrectat praesentia, Livor iniquo
ullum de nostris dente momordit opus.
nam tulerint magnos cum saecula nostra poëtas,
non fuit ingenio fama maligna meo.
cumque ego praeponam multos mihi, non minor illis
dicor et in toto plurimus orbe legor.
si quid habent igitur vatum praesagia veri,
protinus ut moriar, non ero, terra, tuus.
sive favore tuli sive hanc ego carmine famam,
iure tibi grates, candide lector, ago.

Epistulae ex Ponto

1. An Rufinus
I 3, 1–60

Hanc tibi Naso tuus mittit, Rufine, salutem,
qui miser est, ulli si suus esse potest.
reddita confusae nuper solacia menti
auxilium nostris spemque tulere malis.
utque Machaoniis Poeantius artibus heros
lenito medicam vulnere sensit opem,
sic ego mente iacens et acerbo saucius ictu
admonitu coepi fortior esse tuo,
et iam deficiens sic ad tua verba revixi,
ut solet infuso vena redire mero.
non tamen exhibuit tantas facundia vires,
ut mea sint dictis pectora sana tuis.
ut multum demas nostrae de pectore curae,
non minus exhausto quod superabit, erit.
tempore ducetur longo fortasse cicatrix:
horrent admotas vulnera cruda manus.
non est in medico semper, relevetur ut aeger:
interdum docta plus valet arte malum.
cernis, ut e molli sanguis pulmone remissus
ad Stygias certo limite ducat aquas;
afferat ipse licet sacras Epidaurius herbas,
sanabit nulla vulnera cordis ope;
tollere nodosam nescit medicina podagram
nec formidatis auxiliatur aquis.
cura quoque interdum nulla medicabilis arte est
aut, ut sit, longa est extenuanda mora.
cum bene firmarunt animum praecepta iacentem,
sumptaque sunt nobis pectoris arma tui,
rursus amor patriae ratione valentior omni,
quod tua fecerunt scripta, retexit opus.

sive pium vis hoc sive hoc muliebre vocari,
  confiteor misero molle cor esse mihi.
non dubia est Ithaci prudentia, sed tamen optat
  fumum de patriis posse videre focis.
nescioqua natale solum dulcedine cunctos
  ducit et inmemores non sinit esse sui.
quid melius Roma? Scythico quid frigore peius?
  huc tamen ex illa barbarus urbe fugit;
cum bene sit clausae cavea Pandione natae,
  nititur in silvas illa redire suas;
adsuetos tauri saltus, adsueta leones -
  nec feritas illos impedit - antra petunt;
tu tamen exilii morsus e pectore nostro
  fomentis speras cedere posse tuis.
effice, vos ipsi ne tam mihi sitis amandi,
  talibus ut levius sit caruisse malum!
at, puto, qua genitus fueram, tellure carenti
  in tamen humano contigit esse loco:
orbis in extremi iaceo desertus harenis,
  fert ubi perpetuas obruta terra nives.
non ager hic pomum, non dulces educat uvas,
  non salices ripa, robora monte virent;
neve fretum laudes terra magis, aequora semper
  ventorum rabie solibus orba tument:
quocumque aspicies, campi cultore carentes
  vastaque, quae nemo vindicat, arva iacent.
hostis adest dextra laevaque a parte timendus,
  vicinoque metu terret utrumque latus:
altera Bistonias pars est sensura sarisas,
  altera Sarmatica spicula missa manu.
. . .

2. An Atticus
II 4

Accipe conloquium gelido Nasonis ab Histro,
   Attice, iudicio non dubitande meo.
ecquid adhuc remanes memor infelicis amici,
   deserit an partes languida cura suas?
non ita di mihi sint tristes, ut credere possim
   fasque putem iam te non meminisse mei.
ante oculos nostros posita est tua semper imago,
   et videor vultus mente videre tuos.
seria multa mihi tecum conlata recordor,
   nec data iucundis tempora pauca iocis.
saepe citae longis visae sermonibus horae,
   saepe fuit brevior quam mea verba dies.
saepe tuas venit factum modo carmen ad aures
   et nova iudicio subdita Musa tuo est.
quod tu laudaras, populo placuisse putabam;
   hoc pretium curae dulce recentis erat.
utque meus lima rasus liber esset amici,
   non semel admonitu facta litura tuo est.
nos fora viderunt pariter, nos porticus omnis,
   nos via, nos iunctis curva theatra locis.
denique tantus amor nobis, carissime, semper,
   quantus in Aeacide Nestorideque fuit.
non ego, si biberes securae pocula Lethes,
   excidere haec credam pectore posse tuo.
longa dies citius brumali sidere, noxque
   tardior hiberna solstitialis erit,
nec Babylon aestum, nec frigora Pontus habebit,
   calthaque Paestanas vincet odore rosas,
quam tibi nostrarum veniant oblivia rerum;
   non ita pars fati candida nulla mei est.
ne tamen haec dici possit fiducia mendax
   stultaque credulitas nostra fuisse, cave,
constantique fide veterem tutare sodalem,
   qua licet et quantum non onerosus ero.

Eigennamenverzeichnis

Acca, der Sage nach Gattin des Hirten Faustulus, Pflegemutter des Romulus und Remus, Fast. IV 854

Accius, L., römischer Tragiker, 170 – ca. 85 v. Chr., der griechische Tragödien für die römische Bühne bearbeitete, Am. I 15, 19

Achelous, Fluss in Griechenland, fließt zwischen Aetolien und Acarnanien ins Ionische Meer, Met. VIII 614

Achilles, Sohn des Königs von Thessalien, Peleus, und der Nereide Thetis, Held vor Troja, der sich durch Kraft und Schönheit auszeichnete; er tötete Hector und wurde von Paris durch einen von Apoll gelenkten Pfeil getötet, Am. I 9, 33

Actiacus, Adj. zu Actium, einem Vorgebirge in Acarnanien, bei dem am 2. Sept. 31 v. Chr. Octavian seinen Seesieg über Antonius und damit die Alleinherrschaft errang, Fast. I 711

Aeacides, Enkel des Aeacus, des Königs von Aegina, hier Achill, der mit Antilochus, dem Sohn Nestors, eng befreundet war, Ep. ex Pont. II 4, 22

Aeneades, die Römer als Nachkommen des Aeneas, Fast. I 717

Aeneas, trojanischer Prinz, Sohn des Anchises und der Venus, Vater des Ascanius oder Iulus, flüchtete aus dem brennenden Troja, gelangte nach Italien und gründete dort ein neues Reich, Stammvater der Römer und des julischen Hauses, Am. II 14, 17; Met. XIV 588, 600, 603; XV 437

Aeneius, Adj. zu Aeneas, Am. I 15, 25; Met. XIV 581

Aeolius, Adj. zu Aeolus, dem Beherrscher der Winde, Met. I 262

Aesonius, Adj. zu Aeson, dem Vater Jasons; dieser wird von seinem Onkel Pelias, der Aeson abgesetzt hat, nach Colchis geschickt, um das Goldene Vlies zu holen; Führer des Argonautenzuges, Am. I 15, 22

Alba Longa, älteste latinische Stadt, in den Albaner Bergen gelegen, gegründet von Ascanius, dem Sohn des Aeneas, Mutterstadt Roms, heute Castel Gandolfo, Fast. II 499

Albula, alter Name für den Tiber, Fast. II 389

Alphenor, Sohn der Niobe, Met. VI 248

Amor, Liebesgott, Sohn der Venus, Am. I 3,12; I 9, 32; Ars am. I 4; Met. X 26, 29

Colchis, die Colchierin, d. i. Medea (Colchis: Landschaft am östlichen Südufer des Schwarzen Meeres), Am. II 14, 29
Consus, altrömischer Gott des Ackerbaus, Fast. III 199
Corycidae nymphae, sie bewohnten die corycische Grotte auf einer Höhe des Parnass oberhalb von Delphi, Met. I 320
Corinna, Pseudonym der Geliebten, die Ovid in seinen Amores besingt, Trist. IV 10, 60
Crete, die Mittelmeerinsel Kreta, Met. VIII 183
Cupidineus, Adj. zu Cupido, Trist. IV 10, 65
Cupido, Liebesgott (= Amor), Sohn der Venus, Am. I 9,1; I 15, 27
Cures, Hauptstadt der Sabiner, Fast. III 201
Cynthus, Berg auf der Insel Delos, Geburtsort von Apollo und Diana, Met. VI 204
Cytherea, die Göttin Venus, die auf der griechischen Insel Cythera verehrt wurde, Am. I 3, 4
Cythereius, Adj. zu Cytherea, C. heros d. i. Aeneas als Sohn der Venus, Met. XIV 584
Daedalus, athenischer Künstler und Architekt, Erbauer des Labyrinths auf Kreta, Vater des Icarus, Met. VIII 183, 240, 250
Damasichthon, Sohn der Niobe, Met. VI 254
Danae, Tochter des Acrisius, des Königs von Argos, Iuppiter zeugt mit ihr in Gestalt eines Goldregens den Perseus, Met. XI 117
Dardanius, Adj. zu Dardanus, dem Begründer des trojanischen Königsgeschlechts, trojanisch, Met. XV 431
Delius, von der Insel Delos stammend, d. i. Apollo, Met. VI 250
Delos, Insel im Mittelmeer, Met. VI 191, 333; VIII 221
Deucalion, Sohn des Prometheus, Gatte der Pyrrha, überlebt mit ihr die Sintflut, Met. I 318, 350
Drusus, Bruder des Tiberius, Stiefsohn des Augustus, kämpfte in Germanien, gest. 9 v. Chr., Fast. I 12
Dryades, Waldnymphen, Met. III 507
Echo, Waldnymphe, Met. III 358, 359, 380, 387, 493, 501, 507
Ennius, römischer Dichter, 239–169 v. Chr., schuf mit seinen Annalen (Geschichte Roms von Aeneas bis zu seiner Zeit) das römische Epos, Am. I 15, 19
Eous, Morgenstern, Eois: im Morgenland, im Osten, Am. I 15, 29

Epidaurius, der Heilgott Aesculapius, der in Epidauros auf der Peloponnes eine Kultstätte besaß, Ep. ex Pont. I 3, 21

Epimethis, Tochter des Epimetheus, d. i. Pyrrha, Met. I 390

Erebus, griech.: die Finsternis, das Totenreich, Met. X 76

Eumenides, griech.: die Wohlmeinenden, euphemistische Bezeichnung für die Rachegöttinnnen, die Erinnyen, Met. X 46

Eumolpus, thrakischer Sänger, Sohn des Musaeus, Schüler des Orpheus, stiftete in Eleusis in Attika die eleusinischen Mysterien, Met. XI 93

Eurus, Ostwind, Am. I 9, 13; Met. I 61

Eurydice, Gattin des Orpheus, Met. X 31, 48

Euxinum mare, das Schwarze Meer, Trist. IV 10, 97

Faliscus, Adj. zu Falerii, einer Stadt in Südetrurien, nördlich von Rom, Fast. I 84

Faunus, altitalischer Wald- und Feldgott, Met. VI 329

Faustulus, Hirte, fand und erzog Romulus und Remus, Fast. IV 854

Fortuna, Göttin des Glücks, Met. VI 195

Gallus, C. Cornelius, 69–26 v. Chr., römischer Elegiker, Freund Ovids, Am. I 15, 29, 30; Trist. IV 10, 53

Germanicus, Adoptivsohn des Tiberius, war hochgebildet und literarisch tätig, übersetzte die Phaenomena des Arat, Ovid widmete ihm die Fasten, Fast. I 3, 63

Geta, Gete, Angehöriger eines thrakischen Reitervolkes nördlich der unteren Donau, Trist. III 3, 6; IV 10, 110

Haemus, Gebirge in Thrakien, Met. X 77

Hector, Sohn des Priamus und der Hecuba, Gatte der Andromache, trojanischer Held, von Achill im Zweikampf getötet, Am. I 9, 35

Helene, Tochter des Iuppiter und der Leda, Gattin des Menelaos, wurde wegen ihrer Schönheit von Paris aus Sparta nach Troja entführt; diese Entführung war der Anlass des trojanischen Krieges, Ars am. III 759

Helenus, Sohn des Priamus, Prophet, Met. XV 438

Helice, Sternbild „Der große Bär", Met. VIII 207

Helicon, Gebirge in Boeotien, Berg der Musen, Trist. IV 10, 23, 120

Hesperides, Töchter des Atlas, in ihrem Garten auf einer Insel in der Nähe des Atlasgebirges wuchs ein Baum mit goldenen Äpfeln, den ein schlafloser Drache bewachte, Met. XI 114

Hesperius, zum Abend hin gelegen, Hesperiis: im Abendland, im Westen, Am. I 15, 29

Hister, die Donau, Trist. IV 10, 119; Ep. ex Pont. II 4, 1

Horatius, Q. Horatius Flaccus, 65–8 v. Chr., römischer Lyriker, Trist. IV 10, 49

Hymenaeus, Hochzeitsgott, Met. X 2

Ianus, Gott des Ein- und Ausgangs, des Tages- und Jahresbeginns, doppelköpfig dargestellt, Fast. I 64, 65

Iapetus, Titan, Vater des Prometheus, Met. I 82

Iaso, Führer der Argonauten, Am. II 14, 33

Icarus, Sohn des Daedalus, Met. VIII 195, 204, 231, 232, 233

Ide, Gebirge bei Troja, Am. I 15, 9

Ilia, die Trojanerin, d. i. Rhea Silvia, die Mutter von Romulus und Remus, Am. II 14, 15

Ilioneus, Sohn der Niobe, Met. VI 261

Indiges, Name des Aeneas als Gott, Met. XIV 608

Io, Geliebte Iuppiters, von Iuno in eine Kuh verwandelt, Am. I 3, 21

Iris, Göttin des Regenbogens, Botin der Iuno, Met. I 271

Ismenis, idis f., Thebanerin, benannt nach dem Fluss Ismenus in Boeotien, Met. VI 159

Ismenus, Sohn der Niobe, Met. VI 224

Ithacus, der Ithaker, d. i. Odysseus, Ep. ex Pont. I 3, 33

Itys, Sohn des Tereus und der Procne, Am. II 14, 30

Iulius Proculus, römischer Senator, dem Romulus seinen Willen mitteilte, als Quirinus verehrt zu werden, Fast. II 499

Iulus, Sohn des Aeneas, auch unter dem Namen Ascanius bekannt, Stammvater des julischen Geschlechts und damit auch des Caesar und des Augustus, Met. XIV 583; XV 447

Iuno, Gattin des Iuppiter, Göttermutter, Met. I 270; III 362; VI 207, 337; XIV 582; Fast. III 205

Iunonius, der Iuno heilig, Met. VIII 220

Iuppiter, Iovis, Göttervater, Met. I 106, 114, 116, 274, 324; III 363; VI 176; VIII 626; XV 871; Fast. I 85, 201, 202; IV 827, 834; Trist. I 3, 10

wieder zurückrollenden schweren Stein einen Berg hinaufwälzte, Met. X 44

Sophocles, griechischer Tragödiendichter, 496–406 v. Chr., Am. I 15, 15

Sparte, Hauptstadt von Lakonien auf der Peloponnes, Met. XV 426, 428

Stygius, Adj. zu Styx, Met. I 139; III 505; XIV 591; Trist. IV 10, 88; Ep. ex Pont. I 3, 20

Styx, Fluss in der Unterwelt, Met. X 13

Sulmo, Stadt ca. 140 km östlich von Rom, Geburtsort Ovids, Trist. IV 10, 3

Taenaria porta, die taenarische Pforte, Eingang zur Unterwelt am Kap Taenarum an der Südspitze der Peloponnes, Met. X 13

Tagus, Fluss in Spanien, heute Tajo, soll Gold geführt haben, Am. I 15, 34

Tantalis, Tochter des Tantalus, d. i. Niobe, Met. VI 211

Tantalus, 1. König von Phrygien, Sohn des Iuppiter, Vater des Pelops und der Niobe, er durfte an den Mahlzeiten der Götter teilnehmen, verriet aber ihre Geheimnisse und setzte ihnen seinen Sohn Pelops als Speise vor, um ihre Allwissenheit zu prüfen; zur Strafe musste er in der Unterwelt ewigen Hunger und Durst leiden, Met. VI 172; X 41; 2. Sohn der Niobe, Met. VI 240

Tarpeiae arces, die Burg am Tarpejischen Felsen, einem Steilabhang des Kapitolinischen Hügels in Rom, Fast. I 79

Tartara, orum, der Tartarus, Unterwelt, Met. I 113; X 21

Tenedos, Insel im Mittelmeer vor der kleinasiatischen Küste, Am. I 15, 9

Tereus, König von Thrakien, Gatte der Procne, Vater des Itys, wurde wegen Vergewaltigung der Philomela, der Schwester seiner Frau, in einen Wiedehopf verwandelt, Am. II 14, 33

Thalia, eigentlich die Muse der Komödie, aber Ovid bezeichnet mit ihrem Namen auch seine Elegiendichtung, Trist. IV 10, 56

Thebae, Hauptstadt von Boeotien in Mittelgriechenland, von Kadmus gegründet, Met. XV 429

Thebais, idis f., Thebanerin, Met. VI 163

Literaturverzeichnis

1. Ausgaben, Kommentare, Übersetzungen

P. Ovidius Naso, Amores, Medicamina Faciei Feminae, Ars Amatoria, Remedia Amoris, hrsg. von E. J. Kenney, Oxford 1961

P. Ovidius Naso, Liebesgedichte. lat. und dt., von W. Marg und R. Harder, München und Zürich 1984 (6)

P. Ovidius Naso, Liebeskunst, lat. - dt., hrsg. und übers. von N. Holzberg, München und Zürich 1988 (2)

P. Ovidius Naso, Ars amatoria - Liebeskunst, übers. und hrsg. von M. von Albrecht, Stuttgart 1992

P. Ovidius Naso, Metamorphoses, hrsg. von W. S. Anderson, Leipzig 1988 (4)

P. Ovidius Naso, Metamorphosen, Kommentar von F. Bömer, 7 Bände, Heidelberg 1969-1986

P. Ovidius Naso, Metamorphosen, in dt. Hexameter übertragen und hrsg. von E. Rösch, mit einer Einführung von N. Holzberg, München und Zürich 1990 (12)

Ovid, Metamorphosen, in dt. Prosa übertragen von M. von Albrecht, München 1991 (6)

P. Ovidius Naso, Metamorphosen, übers. und hrsg. von H. Breitenbach, mit einer Einleitung von L. P. Wilkinson, Stuttgart 1993

P. Ovidius Naso, Metamorphosen, lat. - dt., übers. und hrsg. von M. von Albrecht, Stuttgart 1994

P. Ovidius Naso, Fastorum libri sex, Text, Übersetzung und Kommentar von F. Bömer, Heidelberg 1957

P. Ovidius Naso, Fastorum libri sex, hrsg. von E. H. Alton u. a., Leipzig 1988 (3)

P. Ovidius Naso, Fasti - Festkalender, lat. - dt., neu übers. und hrsg. von N. Holzberg, Zürich 1995

P. Ovidius Naso, Tristia, Ibis, Epistulae ex Ponto, Halieutica, Fragmenta, hrsg. von S. G. Owen, Oxford 1915 u. ö.

P. Ovidius Naso, Tristia, Epistulae ex Ponto, Briefe aus der Verbannung, hrsg., eingel. und erläutert von G. Luck, übers. von W. Willige, Zürich 1963

Ovid, Tristien, Text, Übersetzung und Kommentar, hrsg. von G. Luck, Heidelberg 1967, 1977

Ovide, Tristes, Texte établi et traduit par J. André, Paris 1968

Ovide, Pontiques, Texte établi et traduit par J. André, Paris 1977

P. Ovidius Naso, Ex Ponto libri quattuor, hrsg. von J. A. Richmond, Leipzig 1989

P. Ovidius Naso, Briefe aus der Verbannung, lat. - dt., übertragen von W. Willige, eingel. und erläutert von N. Holzberg, Zürich 1995

2. Allgemeine Darstellungen zu Ovid

Albrecht, M. von, Zinn, E. (Hg.), Ovid, Wege der Forschung Bd. 92, Darmstadt 1968

Döpp, S., Werke Ovids – Eine Einführung, München 1992

Fränkel, H., Ein Dichter zwischen zwei Welten, Darmstadt 1970 (Übersetzung von: Ovid. A poet between two worlds, Berkeley, Los Angeles 1945)

Giebel, M., Ovid, Reinbek 1991

Holzberg, N., Ovid. Dichter und Werk, München 1997

Kraus, W., Ovidius Naso, in: RE 18/2, Sp. 1910–1986, Stuttgart 1942, überarbeitet in: M. von Albrecht, E. Zinn, Ovid, Wege der Forschung Bd. 92 (s. o.), S. 67–166

Martini, E., Einleitung zu Ovid, Brünn 1933, Nachdruck Darmstadt 1970

Naumann, H., Ovid und die Rhetorik, in: AU XI 4, 1968, S. 69–86

Wilkinson, L. P., Ovid recalled, Cambridge 1955, Nachdruck 1974

3. Zur Liebesdichtung

Eller, K. H., Amor aureus, Die Liebe in der Elegiendichtung Roms, Frankfurt 1981 (2)

Fink, G., Niemann, K. H., Ovids Ars amatoria im Unterricht, Consilia 5, Göttingen 1983

Gauly, B. M., Liebeserfahrungen. Zur Rolle des elegischen Ich in Ovids Amores, Frankfurt a. M. 1990

Holzberg, N., Die römische Liebeselegie. Eine Einführung, Darmstadt 1990

Holzberg, N. u. a., Amor ludens, Liebeselegie und Liebesroman im Lektüreunterricht, Auxilia 30, Bamberg 1995

Keul, M., Liebe im Widerstreit. Interpretationen zu Ovids Amores und ihrem literarischen Hintergrund, Frankfurt a. M. 1989

Luck, G., Die römische Liebeselegie, Heidelberg 1961

Stroh, W., Die römische Liebeselegie als werbende Dichtung, Amsterdam 1971

Stroh, W., Ovids Liebeskunst und die Ehegesetze des Augustus, in: Gymnasium 86, 1979, S. 323–352

Zinn, E., Ovid: Ars amatoria und Remedia amoris, AU Beiheft 2 zu Reihe XIII, 1970

4. Zu den Metamorphosen

Albrecht, M. von, Ovids Humor – ein Schlüssel zur Interpretation der Metamorphosen, in: AU VI 2, 1963, S. 47–72

Albrecht, M. von, Interpretationen und Unterrichtsvorschläge zu Ovids Metamorphosen, Consilia 7, Göttingen 1984

Betten, A. M., Naturbilder in Ovids Metamorphosen, Diss. Erlangen 1968

Cancik, H., Spiegel der Erkenntnis (Zu Ovid, Met. III 339–510), in: AU X 1, 1967, S. 42–53

Dörrie, H., Echo und Narzissus, in: AU X 1, 1967, S. 54–75

Eller, K. H., Ovid und der Mythos von der Verwandlung – Zum mythologischen und poetischen Verständnis des Metamorphosengedichtes, Frankfurt a. M. 1982

Gieseking, K., Die Rahmenerzählung in Ovids Metamorphosen, Diss. Tübingen 1965

Glaesser, R., Orpheus als Redner (Ovid Met. X 16–52 in Klasse 10/11), in: AU XXXVIII 3, 1995, S. 26–40

Guthmüller, B., Beobachtungen zum Aufbau der Metamorphosen Ovids, Diss. Marburg 1964

Hadorn, R., Narziß. Der Mythos als Metapher von Ovid bis heute. Freiburg, Würzburg 1984

Haeger, H., Terminologie und Typologie des Verwandlungsvorgangs in den Metamorphosen Ovids, Göttingen 1976

Hebel, B., Vidit et obstipuit. Ein Interpretationsversuch zu Daedalus und Ikarus, in: AU XXVIII 1, 1985, S. 87–110

Hohnen, P., Philemon und Baucis – Zur Methodik der Metamorphosen-Lektüre, in: AU XXVIII 1, 1985, S. 16–26

Hohnen, P., Ovid als Anfangslektüre? in: AU XXV 4, 1982, S. 36–52

Maier, F., Ovid, Dädalus und Ikarus. Die Wirkung eines antiken Mythologems, Auxilia 2, Bamberg 1981

Maurach, G., Ovids Kosmogonie: Quellenbenutzung und Traditionsstiftung, in: Gymnasium 86, 1979, S. 131–148

Rieger, E., Der Mensch im Spannungsfeld . . . Ovids Metamorphosen als Einführung in die Dichterlektüre, in: Anregung 26, 1980, S. 215–221, 294–306

Römisch, E., Metamorphosen Ovids im Unterricht, Heidelberger Texte – Didaktische Reihe Heft 9, Heidelberg 1976

Roser, F., Die vier Weltalter in Ovids Metamorphosen (Met. I 89–150), in: AU XIII 5, 1970, S. 54–77

Schirnding, A. von, Ovid, Pyramus und Thisbe, in: Anregung 15, 1969, S. 237–240

Sonderegger, E., Die Flügel des Dädalus: Zur Rezeption einer schwierigen Ovidstelle, in: Gymnasium 93, 1986, S. 520–533

Wyss, B., Pieter Bruegel, Landschaft mit Ikarussturz. Ein Vexierbild des humanistischen Pessimismus, Frankfurt a. M. 1990

5. Zu den Fasten

Bömer, F., Interpretationen zu den Fasti des Ovid, in: Gymnasium 64, 1957, S. 112–135

Korzeniewski, D., Ovids elegisches Prooemium, in: Hermes 93, 1964, S. 182–213

6. Zu den Exildichtungen

Bretzigheimer, G., Exul ludens. Zur Rolle von relegans und relegatus in Ovids Tristien, in: Gymnasium 98, 1991, S. 39–76

Drucker, M., Der verbannte Dichter und der Kaiser-Gott. Studien zu Ovids späten Elegien, Diss. Heidelberg 1977

Froesch, H., Ovids Epistulae ex Ponto I–III als Gedichtsammlung, Diss. Bonn 1968

Froesch, H., Ovid als Dichter des Exils, Bonn 1976

Froesch, H., Exul poeta. Ovid als Chorführer verbannter oder geflohener Autoren, in: Lateinische Literatur, heute wirkend, hrsg. von H.-J. Glücklich, Bd. I, Göttingen 1987, S. 51–64

Kenney, E. J., Ovids Exildichtung, in: M. von Albrecht, E. Zinn, Ovid, Wege der Forschung Bd. 92 (s. o.), S. 513–535

Nagel, W., Neue psychologische Erkenntnisse und antike Dichtung. Versuch einer modernen Interpretation von Ovids Trist. IV 10, in: Anregung 26, 1980, S. 372–375

Rahn, H., Ovids elegische Epistel, in: M. von Albrecht, E. Zinn, Ovid, Wege der Forschung 92 (s. o.), S. 476–501

Willige, W., Ovidius Relegatus, in: AU XII 3, 1969, S. 51–72

7. Zu Ovids Fortwirken

Martindale, Chr., Ovid renewed. Ovidian influences on literature and art from the Middle ages to the twentieth century, Cambridge 1988

Moog-Grünewald, M., Metamorphose der Metamorphosen. Rezeptionsarten der ovidischen Verwandlungsgeschichten in Italien und Frankreich im 16. und 17. Jh., Heidelberg 1980

Munari, F., Ovid im Mittelalter, Zürich 1960

Rand, E. K., Ovid and his influence, Boston 1925 / New York 1963

Schmidt-von Mühlenfels, F., Pyramus und Thisbe. Rezeptionstypen eines Ovidischen Stoffes in Literatur, Kunst und Musik, Heidelberg 1972

Stroh, W., Ovid im Urteil der Nachwelt. Eine Testimoniensammlung, Darmstadt 1969